Filosofia
para todos

Filosofia
para todos

Organizadores
**Matthew Chrisman
Duncan Pritchard**

Jane Suilin Lavelle
Michela Massimi
Alasdair Richmond
Dave Ward

Tradução de JANAÍNA MARCOANTONIO

Texto de acordo com a nova ortografia.
Título original: *Philosophy for Everyone*

Tradução: Janaína Marcoantonio
Capa: Ivan Pinheiro Machado. *Ilustração*: iStock
Preparação: Marianne Scholze
Revisão: Simone Diefenbach

CIP-Brasil. Catalogação na publicação
Sindicato Nacional dos Editores de Livros, RJ.

C479f

Chrisman, Matthew,
 Filosofia para todos / Matthew Chrisman, Duncan Pritchard (orgs.); tradução de Janaína Marcoantonio. – 1. ed. – Porto Alegre [RS]: L&PM, 2019.
 224 p. ; 21 cm.

 Tradução de: *Philosophy for Everyone*
 ISBN 978-85-254-3859-1

 1. Filosofia. I. Pritchard, Duncan. II. Marcoantonio, Janaína. III. Título.

19-56423
CDD: 100
CDU: 101

Vanessa Mafra Xavier Salgado - Bibliotecária - CRB-7/6644

© 2013 Matthew Chrisman, Duncan Pritchard, with Dave Ward, Jane Suilin Lavelle, Michela Massimi and Alasdair Richmond
All Rights Reserved. Authorised translation from the English language edition published by Routledge, a member of the Taylor & Francis Group

Todos os direitos desta edição reservados a L&PM Editores
Rua Comendador Coruja, 314, loja 9 – Floresta – 90.220-180
Porto Alegre – RS – Brasil / Fone: 51.3225.5777

Pedidos & Depto. Comercial: vendas@lpm.com.br
Fale conosco: info@lpm.com.br
www.lpm.com.br

Impresso no Brasil
Primavera de 2019

Sumário

Prefácio / 7

1. O que é filosofia? / 11
DAVE WARD

2. O que é conhecimento? Temos algum? / 39
DUNCAN PRITCHARD

3. O que significa ter uma mente? / 63
JANE SUILIN LAVELLE

4. Moralidade: objetiva, relativa ou emotiva? / 95
MATTHEW CHRISMAN

5. Devemos acreditar no que ouvimos? / 117
MATTHEW CHRISMAN, DUNCAN PRITCHARD E ALASDAIR RICHMOND

6. As teorias científicas são verdadeiras? / 139
MICHELA MASSIMI

7. Viagem no tempo e metafísica / 165
ALASDAIR RICHMOND

Glossário de termos-chave / 195
Bibliografia / 209
Índice remissivo / 217

Prefácio

Você já se perguntou o que é conhecimento, ou se temos algum? Já se perguntou se a moralidade é objetiva ou subjetiva? Ou já pensou sobre o que diferencia seres dotados de uma mente, como nós, e coisas que (ao que tudo indica) não têm mente, como bicicletas ou computadores? Devemos confiar no que outras pessoas dizem, especialmente se relatam acontecimentos extraordinários? Se sim, por quê? E quanto à questão de as teorias científicas aspirarem a ser verdadeiras ou meramente capturarem os dados observáveis de um modo atraente? Você acha que é possível viajar no tempo? Se sim, o que isso significa para a natureza do tempo?

Essas são questões filosóficas. Como escreveu o filósofo norte-americano Wilfrid Sellars, "alcançar o sucesso em filosofia seria [...] 'saber se orientar' com respeito a todas essas coisas, não da maneira irrefletida como a centopeia da história sabia se orientar antes de deparar com a pergunta 'como eu caminho?', mas da maneira refletida que significa que não se está submetido a qualquer amarra intelectual". O objetivo deste livro é apresentá--lo ao modo como os filósofos pensam sobre tais questões. Isto é, esperamos eliminar as amarras intelectuais e ajudar o leitor a começar a refletir sobre questões com relação às quais todos nós, de algum modo implícito e impensado, sabemos nos orientar.

Começamos o capítulo 1 com uma introdução geral à prática de filosofia. Aqui você encontrará um pouco mais sobre questões filosóficas e sobre o que as torna filosóficas. Você também aprenderá sobre como os filósofos tipicamente tentam abordar tais questões de maneira sistemática e cuidadosa. No capítulo 2, abordamos uma área da filosofia conhecida como epistemologia. Aqui, refletimos sobre a natureza do conhecimento e se temos algum conhecimento. Então, no capítulo 3, exploramos algumas questões centrais na filosofia da mente, sobretudo o conceito de mente. No capítulo 4, consideramos outro ramo da filosofia: a teoria ética. Apresentamos diferentes visões importantes sobre o status da moralidade, se é objetiva, relativa (em termos pessoais ou culturais) ou emotiva. Depois disso, no capítulo 5, abordamos um problema na história da filosofia: o debate entre David Hume e Thomas Reid sobre se, e quando, devemos confiar no testemunho de outros. A filosofia da ciência é o tema do capítulo 6. Aqui, exploramos a questão da natureza e dos objetivos da ciência: sua ambição é alcançar a teoria verdadeira de como a realidade é ou apenas construir um modelo empiricamente adequado de fenômenos observáveis? Por fim, no capítulo 7, abordamos uma questão importante no ramo da filosofia chamado metafísica: a possibilidade de viajar no tempo. Isso interessa não só aos fãs de ficção científica como também aos filósofos que se dedicam a pensar sobre a natureza do tempo e outros aspectos da realidade.

Cada capítulo é seguido de um breve resumo, algumas questões para estudo e uma lista de referências on-line e sugestões de leitura complementar. Em todos os capítulos, os termos mais importantes são destacados em negrito ao serem usados pela primeira vez. Se uma palavra estiver destacada dessa maneira, é possível conferir sua definição no glossário que se encontra no final do livro.

Este passeio por várias partes da filosofia não pretende ser uma introdução abrangente ao assunto (para tanto, precisaríamos de um livro muito mais longo). Em vez disso, almeja apresentar apenas alguns dos temas interessantes sobre os quais os filósofos refletem e ilustrar seu modo de pensar sobre esses temas de maneira a torná-lo acessível a um leitor inteligente que não estudou filosofia, mas que está disposto a ler com cuidado e a pensar com profundidade. Se você, leitor, chegou até aqui, temos certeza de que atende aos requisitos. Bem-vindo ao time!

Embora queiramos que este livro seja útil como uma introdução geral à filosofia para todos (daí o nome), ele nasceu de um "MOOC" oferecido pela Universidade de Edimburgo. MOOC, *massive open online course*, é um curso on-line gratuito e de livre acesso. Nosso MOOC ocorreu inicialmente na primavera de 2013, com sete palestras em vídeo, um fórum de discussão e avaliações on-line (individuais e por pares). Agradecemos a nosso colega Dave Ward por liderar a iniciativa, em nosso Departamento de Filosofia, de compilar o curso e escrever o capítulo 1. Agradecemos também a outros palestrantes do MOOC que contribuíram para este volume: Jane Suilin Lavelle, Michela Massimi e Alasdair Richmond. E, por fim, agradecemos à Universidade de Edimburgo por seu apoio institucional, especialmente a Jeff Haywood, Amy Woodgate e Lucy Kendra.

MATTHEW CHRISMAN
DUNCAN PRITCHARD

1. O que é filosofia?

Dave Ward

Introdução

O que é filosofia? Certa vez, fiz essa pergunta a um grupo de estudantes que tinham acabado de entrar na Universidade de Edimburgo. Depois de pensar por um instante, um dos estudantes propôs: "Não tem segredo, é só fazer". Agora, considerada isoladamente, essa resposta talvez não seja muito informativa. Mas, ainda assim, acho que é significativamente correta. Filosofia, como veremos neste capítulo e neste livro, é uma *atividade*. E então, para descobrir de que se trata, precisamos fazer mais do que simplesmente tentar descrevê-la – o que tentaremos fazer neste capítulo –; precisamos pôr mãos à obra e *praticá-la*. Então, se você quer descobrir o que é filosofia, a melhor coisa a fazer é debruçar-se sobre o livro que tem em mãos. Ao fazer isso, terá uma ideia dos tipos de perguntas que os filósofos fazem, hoje e ao longo da história, e das diferentes maneiras com que tentam respondê-las. E o que é mais importante, se este livro cumprir seu objetivo: você se dedicará ativamente a essas questões – refletindo sobre elas, articulando suas próprias ideias a respeito e considerando como poderia defender essas ideias em resposta àqueles que não concordam com você.

Portanto, filosofia é uma atividade, e você encontrará exemplos de e convites para essa atividade nas páginas deste livro. O que mais podemos dizer sobre isso? O objetivo deste capítulo é ver se podemos caracterizar a filosofia em mais detalhes. Proponho que a filosofia é *a atividade de descobrir a maneira correta de pensar sobre as coisas*. No restante deste capítulo, tentarei falar um pouco mais sobre o que isso significa, e porque acho que se trata da maneira correta. Comecemos pensando em como essa caracterização da filosofia a relaciona com outras disciplinas. Então, observaremos alguns atributos da filosofia que derivam dessa caracterização e consideraremos como os filósofos tratam de descobrir "a maneira correta de pensar sobre as coisas". E, finalmente, consideraremos por que a filosofia, tal como a descrevi neste capítulo, pode ser algo interessante ou importante a se fazer.

Um passo para trás: a filosofia e outras disciplinas

A filosofia, como acabei de afirmar, é a atividade de descobrir a maneira correta de pensar sobre as coisas. Mas em todas as disciplinas – da astronomia à zoologia – as pessoas não estão tentando pensar sobre as coisas da maneira correta? O que torna a filosofia diferente dessas disciplinas ou de quaisquer outras? Para entender o que torna a filosofia diferente, precisamos distinguir entre o que fazemos quando *damos um passo para trás e descobrimos a maneira correta* de pensar sobre alguma coisa e o que fazemos quando *de fato pensamos sobre alguma coisa* da maneira que concluímos (ou, talvez, apenas aceitamos acriticamente) ser a correta. Podemos ver essa distinção, entre descobrir a maneira correta de pensar e de fato pensar dessa maneira, como correspondente à distinção entre *fazer uma disciplina acadêmica* (por exemplo, física) e *fazer filosofia sobre essa disciplina*. Então, quando estamos fazendo física, podemos estar interessados em realizar experimentos, registrar dados e tentar usar esses dados para construir uma teoria que explique adequadamente todos os dados que observamos e, esperamos, todos os que venhamos a observar. Ao fazer isso, suponhamos (peço desculpas aos físicos por minha caracterização rudimentar do que eles fazem), estamos envolvidos no tipo de pensamento que é característico da física. No entanto, sempre podemos *dar um passo para trás* e perguntar se essa maneira de pensar é a correta. Podemos perguntar o que significa uma teoria ser confirmada ou refutada por dados; podemos perguntar o que significa uma teoria ser melhor ou pior ao explicar alguns dados do que outra; podemos até mesmo perguntar se o projeto de tentar explicar e entender a realidade física identificando os processos e os constituintes fundamentais, bem como as leis que os governam, é o correto. Quando damos um passo para trás dessa maneira, deixamos de fazer perguntas sobre física e passamos a fazer perguntas da *filosofia da física* – deixamos de prosseguir com o modo de pensar que a física recomenda para verificar se (ou por que) esse modo de pensar é o correto. No capítulo 6, sobre filosofia da ciência, você terá a oportunidade de pensar mais detalhadamente sobre tais questões.

    Tomemos mais um exemplo para ilustrar essa distinção entre fazer uma disciplina e fazer *filosofia* dessa disciplina. Suponhamos que somos médicos medievais tentando entender uma doença. De acordo com a compreensão médica da época, tentamos entender a doença em termos dos quatro "humores" – sangue, bile amarela, bile negra e fleuma – que acreditamos preencherem o corpo humano e cujo desequilíbrio acreditamos ser a causa de todas as doenças. Nossa teorização sobre a doença pode assumir a forma de identificar seus sintomas e então tentar relacioná-los com as características que associamos com um dos quatro humores, para que possamos entender a doença como uma deficiência ou um excesso do humor em questão. Ao fazer isso, como bons médicos medievais que somos, estamos simplesmente prosseguindo com a prática da teoria medieval. No entanto, sempre podemos dar um passo para trás e fazer *mais* perguntas sobre o paradigma e os pressupostos por trás dessa teoria: podemos perguntar o que significa, exatamente, os humores estarem em equilíbrio ou desequilíbrio; podemos perguntar como, exatamente, os humores se relacionam com os tipos de temperamento e personalidade com que supostamente estão associados; e, o que é mais importante, podemos perguntar se estamos pensando sobre a doença humana e seu tratamento da maneira correta – se poderíamos nos sair melhor caso abandonássemos completamente a teoria do humor e tentássemos encontrar uma teoria diferente. O exemplo da medicina medieval deixa claro que dar um passo para trás é, muitas vezes, algo importante a ser feito – questionar esse marco teórico e tentar substituí-lo por um melhor resultou em grandes avanços no modo como diagnosticamos e tratamos doenças. Mas observe que eu poderia igualmente ter usado a medicina *moderna* como exemplo. Aparentemente, em *qualquer* área, sempre podemos dar um passo para trás, afastando-nos da tarefa de prosseguir com a investigação, tentando ter uma visão clara do paradigma ou conjunto de pressupostos que delimita nossa investigação e questionando se esse paradigma é o melhor para a tarefa que temos em mãos.

Portanto, em ambos os exemplos anteriores, física e medicina (medieval), podemos distinguir entre (1) pensar ou investigar de acordo com as regras, práticas e suposições de determinada disciplina teórica e (2) dar um passo para trás a fim de investigar o que são essas regras, práticas e suposições e questionar se elas são as corretas. Dar um passo para trás dessa maneira – tentando identificar, esclarecer e avaliar os pressupostos por trás do modo como pensamos ou agimos – é o que fazemos quando nos dedicamos à filosofia. Conceber a filosofia dessa forma nos permite ver uma série de coisas importantes a seu respeito.

Em primeiro lugar, as fronteiras entre filosofia e outras disciplinas podem ser difusas. Nosso segundo exemplo levantou a questão de como podemos passar de um paradigma que hoje vemos como ultrapassado e inadequado (como a teoria do humor, em medicina) para um melhor. Uma maneira de fazer isso é simplesmente pensando a esse respeito – quando falamos sobre humores, realmente sabemos o que queremos dizer? Quando tentamos pensar em uma doença em termos de deficiência de fleuma ou excesso de bile, realmente temos uma boa compreensão do que significaria uma doença *ser* uma dessas coisas? Esse modo de tentar identificar e avaliar, "da nossa poltrona", os conceitos e as categorias que estamos usando é um modo de tentar descobrir a maneira correta de pensar sobre as coisas. Então, esse tipo de teorização de poltrona sobre os conceitos que usamos e o trabalho que fazemos é uma maneira de fazer filosofia – talvez a maneira que as pessoas mais comumente associam com filosofar.

Mas esse não é o único caminho para tentarmos descobrir a maneira correta de pensar sobre as coisas. Podemos rever o modo como estamos pensando sobre medicina ao levantar da poltrona e tentar praticá-la – podemos, por exemplo, perceber que nossa teoria do humor indica que certas formas de tratar doenças deveriam funcionar, mas na realidade simplesmente não funcionam. Ou podemos perceber que algumas outras formas de tratar doenças, que não parecem ter nada a ver com humores ou seu desequilíbrio, funcionam muito bem. Se nos depararmos com suficientes observações como essa, e se as observações formarem um padrão ordenado e suficientemente óbvio, isso também pode nos levar a começar a pensar na medicina de outra maneira. Poderíamos dizer isso afirmando que os desafios ao nosso modo de pensar podem vir de *dentro*, como nos casos em que percebemos que o paradigma que estamos usando para pensar sobre as coisas é instável ou confuso *simplesmente pensando a esse respeito*, ou de *fora*, quando os enigmas e acontecimentos não explicados com que o mundo confronta nosso modo de pensar atual se tornam tão frequentes que somos forçados a procurar um novo paradigma que ofereça uma explicação melhor. Observamos anteriormente que desafiar modos de pensar "de dentro" (ou "da poltrona") é algo caracteristicamente associado com filosofia. Portanto, podemos fazer filosofia da antropologia, da biologia, da química ou da zoologia tentando identificar os paradigmas que essas disciplinas usam para pensar sobre o mundo e considerando se esses paradigmas envolvem alguma confusão ou contradição que podemos identificar e tentar resolver. Mas, em muitos casos (e é aí que as linhas entre a filosofia e outras disciplinas ficam difusas), quando estamos dando nosso melhor para rever nossa maneira de pensar, à luz dos enigmas que o mundo lança sobre nós, também estamos fazendo filosofia.

Retornando ao exemplo da física, pense no que aconteceu no começo do século XX com o desenvolvimento da mecânica quântica. Havia um volume crescente de dados que, ao que parecia, simplesmente não podiam ser explicados usando as maneiras de pensar sobre a realidade física então vigentes. Aparentemente, por exemplo, o pressuposto natural de que os elementos da realidade devem se comportar *ou* como ondas *ou* como partículas (mas não de ambas as formas) podia estar errado. E, ao que parecia, o próprio ato de observar ou medir uma grandeza física podia alterar instantaneamente como as coisas eram em alguma outra parte do universo – aparentemente, violando nossa concepção comum de como a causalidade funciona. Hoje, está claro que o projeto de encontrar a melhor maneira de pensar sobre todos esses resultados, e suas implicações para nossa compreensão da realidade, não era puramente filosófico. Afinal, antes de mais nada, precisamos da ciência para fornecer e descrever os resultados experimentais estranhos que desafiaram nossa maneira de pensar. E, em alguns casos, precisamos procurar novos resultados experimentais para testar se nossas tentativas de rever nosso pensamento estavam no caminho certo. Entretanto, ao tentar rever nossa maneira de pensar à luz dos resultados da mecânica quântica, ainda estamos fazendo filosofia. Estamos tomando distância dos resultados em questão e tentando chegar a um novo paradigma que possa explicá-los da melhor forma.

Por exemplo, precisamos mudar o modo como pensamos sobre o que significa uma coisa causar outra para que possamos explicar a causalidade que acontece à distância? Ou esses resultados nos mostram que tentar usar uma noção comum de causalidade em nossa compreensão acerca da natureza da realidade microfísica é simplesmente equivocado? Em qualquer um dos casos, existe uma maneira nova e melhor de pensar que podemos empregar para nos ajudar a compreender esses resultados estranhos? Como acabei de observar, qualquer que seja o novo paradigma proposto, este será embasado no trabalho feito por cientistas, e não por filósofos, e muitos dos testes usados para determinar se é um *bom* paradigma também envolverão cientistas formulando e testando de forma experimental suas previsões. Mas, ao propor esse paradigma, estamos tomando distância do processo de obter esses resultados e tentando encontrar a melhor maneira de pensar sobre eles – a atividade que estou propondo é característica da filosofia. Aqui, como em muitos lugares, a relação entre as descobertas que nos dão o que pensar e o pensamento subsequente que se alimenta de tais descobertas é íntima e complexa – e é esse tipo de relação que pode tornar difusas as fronteiras entre a filosofia e outras disciplinas.

Filosofia: difícil, importante e onipresente

Esses pontos sobre a relação entre filosofia e outras disciplinas nos levam a outras características importantes da filosofia. Mostram, por exemplo, que a filosofia é uma disciplina muito ampla. Ao que parece, não importa o assunto que estamos investigando, ou como o estamos investigando, sempre podemos tomar distância, tentar identificar os pressupostos que embasam nossa investigação e questionar se são os melhores. Nos exemplos anteriores, vimos como, ao tomar distância, podemos deixar de fazer física ou medicina e passar a fazer *filosofia da* física ou da medicina. E, ao que parece, podemos tomar distância de maneira similar, não importa o assunto que estudamos, ou como o estudamos. Isso significa que, independente do que fazemos, uma pergunta filosófica – uma pergunta sobre se o paradigma que usamos é o melhor para a tarefa em mãos – está sempre ao alcance. Pense no tipo de conversa que o comediante Louis C.K. relata ter com a filha (um pouco editado aqui, para eliminar certa linguagem pitoresca):

Não podemos responder à pergunta de uma criança – uma criança nunca aceita resposta alguma! Uma criança nunca diz "Ah, obrigado, entendi", simplesmente continua fazendo mais perguntas: 'Por quê? Por quê? Por quê?' [...] isso continua por *horas e horas*, e acaba ficando tão estranho e abstrato, e no fim é algo assim:
– Por quê?
– Bem, porque algumas coisas *são*, e algumas coisas *não são*.
– ...Por quê?
– [*irritado*] Bem, porque as coisas que *não são* não podem *ser*!
– Por quê?
– PORQUE ENTÃO NADA NÃO SERIA! Você não pode ter... *nada não é*! *Tudo é*!!
– Por quê?
– Porque, se nada não fosse, haveria todo tipo de coisa que não temos... como formigas gigantes andando por aí com cartolas, dançando por aí! Não há lugar para todas essas coisas!
– Por quê?
[Louis desiste.]
(Louis C.K., especial *One Night Stand*, HBO, 2005)

O que acontece nesse diálogo nos mostra um pouco do que acontece na filosofia. O filósofo é muito parecido com a filha na conversa – continuamente exigindo razões e explicações para por que pensamos e agimos da maneira como fazemos. Mas eles também têm de fazer o trabalho de Louis: esforçar--se para propor respostas a perguntas como essas, um esforço que às vezes envolve tentar explicar por que são as perguntas erradas a se fazer. Isso ilustra uma série de pontos importantes sobre a filosofia.

Em primeiro lugar – o que acabamos de observar –, se continuarmos questionando, logo cairemos em perguntas que parecem filosóficas: no exemplo, Louis logo se vê em um terreno metafísico pantanoso com perguntas sobre a existência (você terá a oportunidade de refletir mais sobre as questões da **metafísica** nos capítulos 6 e 7).

Em segundo lugar, *filosofia é difícil*. Ser incessantemente confrontado com perguntas de crianças, ou de filósofos, não seria uma experiência tão frustrante se tivéssemos respostas fáceis e prontas para cada pergunta que nos é feita.

Em terceiro lugar (e intimamente relacionado com o último ponto), a filosofia tende a ser difícil precisamente *porque* faz perguntas sobre coisas que costumamos tomar por certas enquanto prosseguimos com nossa vida. Ao que parece, parte do que é frustrante no esforço para responder perguntas como aquelas feitas a Louis é que questões como "Por que tudo não existe?" podem parecer elementares a ponto de não requerer uma resposta. "*É claro* que há coisas que não existem", queremos dizer: isso parece tão óbvio para nós que fazer tal pergunta nos parece algo estúpido. Mas, quando ela *é* feita, temos dificuldade de apresentar razões para nossas convicções que possam satisfazer a pessoa que perguntou, e essa pode ser uma experiência frustrante e constrangedora – daí (talvez) a tensão crescente na conversa anterior.

Por fim, acredito que todos esses pontos nos mostram algo sobre por que a filosofia pode ser (e, igualmente, pode deixar de ser) algo importante a se fazer. Vimos que a natureza da filosofia, tal como a descrevemos neste capítulo, significa que perguntas filosóficas podem surgir em toda e qualquer parte apenas porque sempre podemos tomar distância e questionar o paradigma a partir do qual estamos pensando. Como a filha de Louis C.K., sempre podemos continuar perguntando "Por quê?". Por outro lado, vimos que isso pode fazer da filosofia uma atividade difícil e frustrante. E, sejamos francos, também significa que o espaço de investigação filosófica possível incluirá algumas questões com as quais simplesmente não acreditamos que valha a pena nos preocuparmos. A vida é curta! Parte da frustração que sentimos diante da criança, ou do filósofo, que pergunta *tudo* certamente é legítima – poderíamos passar nosso tempo ponderando sobre a melhor forma de pensar em cadarços, ou carpetes, ou jardineiras, mas não há coisas mais importantes a se fazer? Então, devemos admitir que uma pergunta filosófica no sentido que venho descrevendo não necessariamente é importante. No entanto, penso que essas mesmas características da filosofia também nos ajudam a entender como as perguntas filosóficas podem, muitas vezes, ser *extremamente* importantes.

Em vários momentos ao longo da história, o modo como as pessoas seguiram com sua vida pressupunha determinadas maneiras de pensar sobre as coisas que, quando expostas e examinadas, mostraram-se clara e desastrosamente equivocadas. Por exemplo, no passado, grandes números de pessoas concordavam com práticas de genocídio, escravidão e machismo. Hoje, sempre que tentamos articular uma maneira de pensar sobre as coisas segundo a qual essas práticas pareçam aceitáveis, imediatamente vemos que isso não é possível. A impressão que temos é a de que qualquer um que concorde sinceramente com tais práticas provavelmente nunca deu um passo para trás para tentar articular *por que* seria aceitável matar, ou escravizar, ou discriminar, um grupo de pessoas com base em sua raça, gênero ou posição social. Pois, se tivesse feito isso, teria percebido que o modo de pensar que essas práticas pressupõem certamente não era o *melhor* – de fato, hoje consideramos difícil entender como uma pessoa racional, em pleno domínio de suas faculdades, *poderia* pensar das maneiras requeridas para que essas práticas pareçam aceitáveis. Uma vez que há tantos exemplos de tendências e práticas como essas ao longo da história, sem dúvida também devemos nos perguntar se *nós* poderíamos estar concebendo o mundo e agindo nele de maneiras que parecerão absurdas para as futuras gerações. Talvez as maneiras como pensamos sobre a relação entre mente e corpo (ver capítulo 3) ou sobre o papel da religião ao compreender nosso lugar no mundo pareçam estranhas e confusas para as gerações futuras. Ou talvez o modo como respondemos (ou somos incapazes de responder) ao sofrimento das pessoas em países e culturas distantes ou o modo como criamos animais para comer pareça tão indefensável para as futuras gerações quanto algumas das crenças dos nossos ancestrais são para nós. A melhor forma de evitar ter crenças e práticas que não sobrevivem a um exame detalhado, e que, em última instância, podem ser prejudiciais aos outros e a nós mesmos, é nos dedicarmos a esse exame pessoalmente e ver o que acontece. Dar um passo para trás, tentar ter uma visão clara do modo como atualmente *pensamos* sobre as coisas e ver se podemos substituí-lo por um modo *melhor* foi, muitas vezes, um passo importante a caminho de aprimorar o modo como vivemos e pensamos no mundo. E esse é um importante motivo pelo qual a filosofia pode valer a pena.

Como fazemos?

Então, agora sabemos um pouco sobre o que é filosofia, alguns dos tipos de perguntas que ela pode formular e por que pode ser algo importante a se fazer. Mas como fazemos? Quais são as ferramentas e os métodos que os filósofos usam para tentar chegar às maneiras corretas de pensar sobre as coisas?

Aqui, quero retomar algo que afirmei no começo do capítulo – assim como a melhor maneira de compreender realmente o que é filosofia é debruçar-se sobre este livro, dedicando-se às perguntas que encontrará nele, a melhor maneira de compreender o que os filósofos fazem é debruçar-se sobre os exemplos de posições e argumentos filosóficos que se encontram nos capítulos a seguir. Entretanto, mesmo antes de fazer isso, aposto que você já tem uma boa ideia de como fazer filosofia. Isso porque, como vimos anteriormente, filosofia é algo do qual não podemos escapar. Todos nós, em alguns momentos, nos dedicamos a dar um passo para trás e tentar identificar a melhor maneira de pensar sobre as coisas – como devemos decidir em quem votar na próxima eleição? Como devemos decidir o que fazer da vida? Como devo pensar (ou o que devo fazer) a respeito dessa estranha sensação que se apodera de mim sempre que estou em companhia desta pessoa? Todos temos pelo menos *alguma* ideia de como tentaríamos responder a perguntas como essas, mesmo que as consideremos muito difíceis. Olhamos à nossa volta em busca de evidências (o que eu sei sobre os partidos entre os quais estou escolhendo? O que eu sei sobre o que faz a vida valer a pena? Que tipo de sensação é essa que tenho quando estou com esta pessoa?). Pensamos sobre como ou se as evidências que temos nos dão boas razões para pensar ou agir de determinada maneira (eu gosto dos valores ou políticas de um dos partidos na eleição mais do que dos de outro? Se eu considero que fazer outras pessoas felizes é a coisa mais valiosa na minha vida, como posso fazer isso da melhor forma? Se me sinto dessa maneira sempre que estou com esta pessoa, mas nunca penso sobre isso em outras circunstâncias, pode ser mesmo amor o que estou sentindo?). E fazemos o melhor que podemos para avaliar e pesar essas razões a fim de tomar uma decisão sobre como pensar ou agir.

  Essa atividade – de dar um passo para trás e tentar pensar claramente, e bem, sobre as coisas – é exatamente o que fazemos quando praticamos filosofia. Mas, em filosofia, fazemos um esforço especial para refletir sobre as evidências, as razões para pensar e agir que as evidências sugerem, a conclusão a que chegamos após ponderar essas razões e a transição entre cada um desses estágios e o seguinte, da maneira mais clara e incontroversa que pudermos. Tentamos continuamente fazer perguntas como "essas evidências são realmente o que parecem?", "realmente nos dão uma boa razão para pensar *desta* maneira, e não *daquela*?", "as razões que encontrei são mesmo suficientes para mostrar que

minha conclusão sobre como agir ou pensar *deve* ser verdadeira?".
Ao continuamente fazer perguntas como essas, estamos tentando ter certeza de que pensamos sobre o assunto que temos em mãos da maneira mais clara e consistente possível. Para os filósofos, isso é o mesmo que a tarefa de tentar pensar sobre as coisas da maneira correta ou melhor – a tarefa que, neste capítulo, estou identificando com filosofia.

Em filosofia, esse processo de fornecer evidências e linhas de raciocínio com o propósito de demonstrar a verdade de uma afirmação ou posição chamamos de fornecer um **argumento**. Desse modo, embora seja verdade que os filósofos passem seu tempo *argumentando* a favor de uma ou outra posição, não estamos nos referindo, aqui, ao tipo de "argumentação" que deve ser acalorada, agressiva ou confrontadora. Em vez disso, queremos dizer que os filósofos passam seu tempo tentando apresentar evidências e linhas de raciocínio que nos levem à maneira correta de pensar sobre alguma coisa. Uma boa maneira de entender o raciocínio filosófico, de fato, é com base no modelo de uma conversa mutuamente respeitosa (em vez de uma discussão agressiva). Tentamos apresentar nossas opiniões do modo mais claro possível e ouvir empaticamente as perguntas ou opiniões de nossos interlocutores. Na resposta, podemos ser levados a defender, esclarecer ou modificar nossas próprias opiniões.

Ao fazer filosofia, os interlocutores com quem estamos tentando partilhar nossos pontos de vista não precisam ser reais nem estar presentes. Podemos, em vez disso, estar tentando esclarecer ou nos convencer de uma opinião em resposta a dúvidas ou questões que nós mesmos temos. Ou podemos estar considerando como um filósofo ou alguma outra figura do passado poderia reagir às opiniões que temos e às nossas razões para tê-las. Esse processo de dar forma e articular nossas opiniões em resposta a outros reais ou imaginários, de maneira tal que não só entendemos melhor nossas opiniões como também podemos explicar a outros por que elas são as corretas, é central à filosofia. Não é por acidente que Platão, o antigo filósofo grego que, com frequência, é considerado o ponto de partida da filosofia ocidental (o filósofo A. N. Whitehead descreveu a filosofia europeia como uma série de notas de rodapé ao pensamento de Platão), escreveu a maior parte de suas obras filosóficas na forma de diálogos.

Agora que esclarecemos que o processo de argumentação filosófica deve ser construtivo e empático, e não confrontador, vejamos nosso primeiro exemplo de argumentação filosófica para termos uma ideia mais concreta de como exercer o tipo de pensamento característico da filosofia. Um tema que intriga a filosofia há muito tempo é a questão do que significa para nós ser livres, ou ter "livre-arbítrio". Aparentemente, em qualquer dado momento, tenho muita liberdade sobre o que decido fazer ou não fazer. Por exemplo, tenho a impressão de que, neste exato momento, poderia parar de escrever este capítulo e tirar uma boa soneca, ir a um bar ou tomar um chá – mas escolho não fazer qualquer dessas coisas. No entanto, podemos apresentar o seguinte argumento simples, que questiona se de fato sou tão livre como penso que sou. Nosso argumento tem três **premissas** – isto é, três afirmações que apresentamos a fim de corroborar nossa conclusão:

> Premissa 1. O modo como o mundo era no passado controla exatamente como ele é no presente e como será no futuro.
> Premissa 2. Nós somos parte do mundo, assim como tudo mais à nossa volta.
> Premissa 3. Não podemos controlar como as coisas eram no passado ou o modo como o passado controla o presente e o futuro.
> Conclusão. Portanto, não controlamos nada que acontece no mundo – nem mesmo todas as coisas que pensamos, dizemos e fazemos.

Essa é uma conclusão surpreendente! Devemos aceitá-la? À primeira vista (e, talvez, mesmo depois de certa análise), esse argumento parece convincente – aparentemente, se as premissas são verdadeiras, a conclusão também deve ser, ou, dito de outra forma, a verdade da conclusão decorre da verdade das premissas. Quando esse é o caso, dizemos que um argumento, ou forma de raciocínio, é **válido**.

Além do mais, as premissas anteriores parecem muito boas! Se pensamos que essas premissas são verdadeiras, e que o argumento é válido, então a conclusão também deve ser verdadeira. Quando isso é verdadeiro acerca de um argumento – quando é válido, com premissas verdadeiras (e, portanto, também tem uma conclusão verdadeira) –, dizemos que o argumento é **sólido**.

Então, temos um argumento sólido aqui? Pensemos em como podemos questionar isso. Podemos tentar questionar a verdade de uma ou mais premissas – por exemplo, talvez o passado do mundo *não* controle exatamente como ele é no presente. Talvez possamos recorrer aos tipos de consideração da mecânica quântica mencionados anteriormente (p. 16) para mostrar que o mundo ser de determinada maneira no passado é compatível com as muitas maneiras diferentes que pode vir a ser no futuro. Ou podemos questionar nossa segunda premissa: talvez *não* sejamos parte do mundo como tudo mais à nossa volta. Talvez haja alguma coisa especial em nós e em nossa mente, de maneira tal que as leis que governam o resto do mundo não se apliquem a tudo que pensamos e fazemos. Podemos inclusive tentar questionar a terceira premissa: talvez *possamos*, de algum modo, controlar como as coisas eram no passado, ou as leis que governam a maneira como o presente e o futuro do mundo decorrem do passado (esta me parece a opção mais difícil!).

Ou, ainda, em vez de questionar a verdade das premissas, podemos questionar a validade do argumento e negar que a verdade das premissas garanta a verdade da conclusão. Talvez possamos tentar mostrar que o que queremos dizer por "controle" quando afirmamos que o passado do mundo físico "controla" seu futuro é diferente do que queremos dizer quando afirmamos que estamos "no controle" de nossas ações. Se há realmente dois significados, ou sentidos, diferentes para o termo controle aqui, talvez o que as premissas do argumento nos dizem sobre o modo como o passado controla o presente na verdade não nos mostre nada sobre se temos ou não "controle" sobre nossas ações. É claro, outra opção é simplesmente aceitar a conclusão e então (supostamente) considerar se ou como devemos, à luz desse pensamento, rever nossa compreensão acerca de nós mesmos e de nossa relação com o mundo.

Agora, não quero tentar escolher entre essas diferentes reações possíveis a esse argumento – em vez disso, você talvez queira tentar pensar na linha de resposta dentre as anteriores, se é que há alguma, que lhe pareça mais convincente. Por ora, podemos observar que cada uma das respostas ao argumento sugeridas anteriormente tem algum trabalho associado. Por exemplo, se quisermos responder com uma negação da primeira premissa, recorrendo ao que sabemos sobre mecânica quântica, ainda podemos ter dificuldade para explicar em que sentido somos livres – se o modo como o passado controla o futuro fosse aleatório e imprevisível, isso não seria um grande problema para o nosso controle sobre nossas próprias ações tanto quanto se o passado controlasse o futuro de uma maneira precisa e determinada? Se questionarmos a segunda premissa, precisaremos dizer alguma coisa sobre como somos diferentes do resto das coisas no mundo – veremos alguns dos problemas associados com isso quando estudarmos o **dualismo** no capítulo 3. Ou, se negarmos que a conclusão do argumento decorre de suas premissas, do modo como sugeri antes, precisaremos dizer alguma coisa sobre o sentido especial de controle que tenho sobre minhas próprias ações e sobre como este difere do modo como o passado do mundo controla o presente e o futuro. Isso deve nos lembrar de alguns dos pontos que já vimos – fazer progresso em questões filosóficas costuma ser difícil, e nossas respostas às perguntas filosóficas muitas vezes levarão a ainda mais perguntas que requerem respostas.

Ao pensar no exemplo de argumento que acabamos de considerar, estamos tratando de descobrir a maneira correta de pensar sobre em que sentido somos livres ou estamos no controle de nossas ações. Pensar em nosso exemplo (e pensar em filosofia no modelo de um diálogo ou conversa) revela o fato de que, muitas vezes, descobrir a maneira correta de pensar sobre as coisas implica envolver-se com argumentos e posições que outras pessoas apresentam – tentando identificar e avaliar as premissas nas quais suas visões se baseiam e as linhas de raciocínio que levam dessas premissas às suas conclusões.

Ao avançar com este livro, você encontrará muitos outros argumentos e terá uma ideia muito mais detalhada das diferentes maneiras pelas quais os argumentos filosóficos podem funcionar e podem ser questionados. Mas, por ora, devemos observar que identificar e refletir sobre uma questão ou argumento filosófico nem sempre é tão simples quanto o exemplo anterior sugere. Nesse exemplo, tivemos um pequeno número de premissas facilmente digeríveis que supostamente levariam à conclusão de uma maneira direta. Mas sem dúvida todos nós reconhecemos, com base em nossas próprias experiências de tentar encontrar a melhor maneira de pensar sobre questões ou temas difíceis, ou de tentar fazer outra pessoa concordar com nossa maneira de pensar, que nem sempre é assim que as coisas funcionam. Muitas vezes ficamos perdidos, sem muita certeza de como nos expressarmos e intrigados com de que modo, exatamente, todas as considerações diferentes que nos parecem relevantes se encaixam.

Pense, por exemplo, sobre o que estou fazendo ao escrever este capítulo. Estou apresentando uma caracterização da filosofia como a atividade de descobrir a maneira correta de pensar sobre as coisas e tentando explicar o que quero dizer com isso, por que acredito nisso e por que acho que você também deveria acreditar. Então, ao fazer isso, eu estou (e você está, se estiver acompanhando meu raciocínio) fazendo filosofia da filosofia – estou tentando articular e explicar a melhor maneira de pensar a filosofia. Mas observe que, embora minha conclusão – o modo como estou propondo que devemos entender filosofia – possa ser declarada facilmente, eu não usei premissas e linhas de raciocínio identificadas e expressadas de maneira clara e ordenada para chegar lá. Dei alguns exemplos para ilustrar o que quero dizer. Tentei responder à possível objeção de que esta definição torna difusas as fronteiras entre filosofia e outras disciplinas; e tentei esclarecer (e corroborar) o que quero dizer assinalando vários atributos da filosofia que derivam disso. Com sorte, o modo como estou recomendando que pensemos sobre filosofia, e algumas das razões a favor de pensar sobre ela desta maneira, está sendo comunicado.

    Isso serve para mostrar que o pensamento e o argumento filosófico nem sempre têm a estrutura clara e ordenada que acabamos de ver no argumento sobre livre-arbítrio. Muitas vezes, as premissas e linhas de raciocínio envolvidas são múltiplas, complexas e justapostas – e, com frequência, é preciso muito esforço para trazê-las à luz a fim de poder avaliá-las. Mas trazê--las à luz dessa maneira é sempre o objetivo da filosofia, mesmo em casos nos quais nosso tema e nosso pensamento a respeito são tão complexos e multifacetados que nunca somos capazes de explicitar completamente todos os aspectos do nosso pensamento. Mesmo nesses casos, nosso objetivo ainda é ter a visão mais clara possível de nossos pressupostos, compromissos e linhas de raciocínio, para que possamos ter a melhor chance de convencer a nós mesmos e aos outros de que estamos pensando sobre as coisas da maneira correta.

Existe uma "maneira correta" de pensar sobre as coisas?

Você talvez tenha algumas dúvidas ou reservas em relação ao modo como defini a filosofia até agora. Se esse é o caso, ótimo! Isso significa que você está entrando no espírito de *fazer* filosofia – de tentar descobrir por si mesmo qual é a maneira correta de pensar sobre determinado tema ou questão, examinando criticamente os pressupostos e raciocínios, seus e dos outros. Uma dúvida que talvez lhe ocorra sobre o que venho apresentando é o que se quer dizer com "maneira correta" de pensar sobre as coisas. Isso não é perturbadoramente vago? Como sabemos que *existe* uma maneira correta em uma dada situação? E, mesmo que exista, como sabemos que é o tipo de coisa ao qual podemos chegar refletindo a respeito? Essas são perguntas muito importantes para a filosofia – ao fazer filosofia, tentamos descobrir coisas sobre nós mesmos e nosso lugar no mundo refletindo sobre as coisas do modo como comecei a descrever. Essas perguntas indagam se realmente existem verdades sobre as coisas que são objeto da nossa reflexão que determinariam o que se poderia considerar a "maneira correta" de pensar sobre elas; e indagam por que deveríamos confiar que a "maneira correta" de pensar é algo a que podemos chegar filosofando. Como quando discutimos o argumento sobre livre-arbítrio, não quero tentar responder a essas perguntas aqui. Mas quero concluir este capítulo considerando brevemente o que duas importantes figuras na história da filosofia pensaram sobre isso.

De acordo com **David Hume** (1711-1776), o filósofo mais mundialmente famoso de Edimburgo, tal atitude cética para com nossa capacidade de descobrir a verdade sobre o mundo por meio da filosofia seria totalmente apropriada (voltaremos a falar sobre Hume e refletiremos em mais detalhes sobre algumas de suas ideias no capítulo 5). Para Hume, a limitação mais importante sobre a filosofia é que ela deve se manter completamente fiel ao que nossa experiência do mundo nos diz. No entanto, Hume pensava que, quando refletimos com cuidado sobre as coisas, nossa experiência do mundo não nos diz tanto quanto o que pensamos. Por exemplo, quando olhamos para o mundo, *pensamos* que experimentamos um acontecimento causando outro – como quando vejo uma bola de bilhar bater em outra, e essa parece ser a causa de a outra bola rolar para longe. Mas Hume argumentava que tudo que realmente temos é uma série de impressões de bolas de bilhar em vários lugares e em vários momentos, e que nós nunca experimentamos uma "causalidade" adicional que interligue os acontecimentos nessa cadeia de impressões. A ideia de causalidade é algo extra, que nossa mente adiciona às impressões que obtemos do mundo – e não temos nenhuma boa razão para acreditar que essa maneira causal de pensar, na qual caímos de forma automática, corresponde ao modo como o mundo realmente é.

Para Hume, isso não acontece apenas com a causalidade – ele considerava que praticamente *toda* tentativa de encontrar verdades sobre como o mundo é simplesmente refletindo sobre ele está fadada ao fracasso. Para Hume, "a observação da cegueira e fraqueza humanas é o resultado de toda a filosofia, e se depara conosco em toda ocasião, não obstante as nossas tentativas para lhe fugirmos ou a evitarmos" (Hume, 1748/2013). Nosso pensamento pode tão somente revelar nossos hábitos específicos de associar ideias e tirar conclusões com base em nossas impressões do mundo. Se esses hábitos de pensamento correspondem ao modo como o mundo realmente é (e, portanto, se temos boas razões para acreditar que eles são as maneiras *corretas* de pensar sobre as coisas), é simplesmente algo que jamais saberemos.

O filósofo alemão **Immanuel Kant** (1724-1804) fez a célebre declaração de que a filosofia de Hume o despertou de seu sono dogmático. Antes, Kant se contentara em simplesmente *presumir* que o pensamento filosófico é capaz de nos colocar em contato com o modo como o mundo é (e, portanto, nos permite chegar à maneira correta de pensar sobre as coisas) –, mas, depois de ler Hume, ele percebeu que tentar *provar* que o pensamento filosófico se dedica a essa função era crucial para mostrar que a filosofia é um caminho que vale a pena seguir. Em seu livro monumental (e difícil!) *Crítica da razão pura*, Kant estipulou para si mesmo a tarefa de demonstrar que a filosofia pode revelar mais do que apenas as regras e os padrões arbitrários que nossos pensamentos seguem por acaso. Seu método de fazer isso é demasiado complexo e multifacetado para que eu tente resumir aqui, mas sua afirmação importante é que as regras e os padrões que nosso pensamento segue são também as regras e os padrões que o mundo no qual estamos pensando segue. Para dar um panorama muito rudimentar de suas ideias, ele considera que a própria noção de um mundo que *não* se conforma com as regras e os padrões de nossa mente é um contrassenso. A filosofia, como Hume pensava, realmente identifica maneiras pelas quais não podemos deixar de experimentar o mundo e pensar sobre ele – por exemplo, ocupando um lugar no espaço e no tempo e contendo acontecimentos conectados por relações causais. Mas esses fatos inevitáveis sobre nosso pensamento são também fatos sobre o que significa haver um mundo presente sobre o qual pensar, para início de conversa. Na verdade, não faz sentido, para nós, contemplar a possibilidade de o mundo não corresponder aos modos que temos de pensar sobre ele (envolvendo espaço, tempo e causalidade), porque tão logo tentamos articular essa possibilidade já não estamos contemplando algo que possamos chamar de mundo. Dito de forma ainda mais simples, Kant argumenta que o mundo tem de se conformar às regras que nosso pensamento segue, porque acontece que essas mesmas regras explicitam o que é necessário para haver um mundo presente sobre o qual pensarmos.

Por causa de suas ideias diferentes sobre o poder da razão humana para nos colocar em contato com o mundo, Hume e Kant tinham ideias diferentes sobre o escopo da filosofia. Para Hume, como acabamos de ver, o projeto de tentar descobrir a "melhor" maneira de pensar sobre as coisas é fútil. Embora talvez sejamos capazes de chegar a uma visão clara da maneira como de fato pensamos sobre as coisas, Hume considerava que simplesmente não podemos abordar a questão sobre essa maneira de pensar ser boa ou ruim para representar o mundo. Kant, por outro lado, pensava que muitos dos padrões importantes em nossas maneiras de pensar sobre o mundo são simplesmente as maneiras corretas para nos colocar em contato com o mundo, pelas razões que acabei de esboçar brevemente. Por causa disso, a maneira correta de pensar sobre as coisas, segundo Kant, é o modo como o pensamento racional nos conduziria se o seguíssemos até suas conclusões. Agora, esses são argumentos e conceitos complexos, e eu não tentei lhes fazer plena justiça aqui. Mas queria mencioná-los porque ilustram como a própria definição de filosofia que venho oferecendo neste capítulo propõe outras perguntas filosóficas, sobre o escopo da filosofia e sobre a natureza da relação entre nossa mente e o mundo. E, assim como outras perguntas filosóficas que consideramos até o momento, e que você continuará a considerar no restante deste livro, tratamos de abordar essas perguntas tentando ter uma visão clara das evidências que temos à nossa disposição, das razões que nos fornecem para pensar ou acreditar em certas coisas e das conclusões que decorrem dessas razões. Na seção anterior, afirmei que podemos pensar na filosofia como um diálogo, onde ouvimos empaticamente outros pontos de vista e os confrontamos com o nosso. E observei que nossos interlocutores não precisam estar presentes. Nesta seção, vimos mais um dos aspectos entusiasmantes e desafiadores da filosofia – ao descobrir a maneira correta de pensar sobre as coisas, podemos rapidamente nos ver em uma espécie de diálogo com grandes pensadores do passado como Hume e Kant.

Conclusão

No restante deste livro, você terá a chance de pensar em mais detalhes sobre algumas das questões que apenas mencionamos neste capítulo. Consideraremos as maneiras corretas de pensar sobre nosso conhecimento, mente, moralidade, testemunho, teorias científicas e viagem no tempo. Ao pensar cuidadosa e criticamente sobre esses assuntos e os argumentos que encontrará para eles, você não estará apenas aprendendo sobre filosofia – estará praticando-a. Neste capítulo, tentei dizer alguma coisa sobre o que penso que o processo envolve. Vimos que questões filosóficas podem surgir em qualquer parte e que, às vezes, pensar claramente sobre elas pode ser muito importante – como quando parece que estamos pensando ou agindo de maneiras indefensáveis simplesmente porque não conseguimos dar um passo para trás e tentar ter uma visão clara do que estamos fazendo. O filósofo inglês Isaiah Berlin, do século XX, expressa bem esses pontos quando escreve sobre filosofia:

> Se objetamos que tudo isso parece muito abstrato e distante da experiência cotidiana, algo muito pouco relacionado com os interesses centrais – a felicidade e a infelicidade e, em última instância, o destino dos [indivíduos] comuns –, a resposta é que essa acusação é falsa. [As pessoas] não podem viver sem tentar descrever e explicar o universo para si. Os modelos que usam ao fazer isso devem afetar profundamente sua vida, sobretudo quando estão inconscientes; grande parte do sofrimento e da frustração dos homens se deve à aplicação mecânica ou inconsciente, tanto quanto à deliberada, de modelos onde eles não funcionam.
>
> (1980: 10)

A filosofia almeja trazer à luz esses modelos e, por meio de uma análise atenta e criteriosa, verificar se eles são os que deveríamos estar usando de fato. Este, penso eu, é o sentido em que a filosofia é verdadeiramente para todos – as questões filosóficas surgem e são importantes para todos nós, independentemente de decidirmos dedicar tempo a elas ou não. É por isso que acredito que, ao se debruçar sobre este livro, você estará investindo tempo em uma atividade valiosa para todos nós.

Resumo do capítulo

- A filosofia é uma atividade e, para entender o que é, a melhor coisa a fazer é se dedicar aos tipos de problemas, questões e argumentos filosóficos encontrados neste livro.
- Podemos caracterizar a filosofia como a atividade de descobrir a maneira correta de pensar sobre as coisas.
- A filosofia está intimamente relacionada a muitas disciplinas acadêmicas, visto que elas almejam pensar sobre as coisas da maneira correta. Mas podemos distinguir entre praticar essas disciplinas e praticar filosofia, diferenciando o pensamento envolvido nessas disciplinas e a atividade de dar um passo para trás para avaliar se os métodos e pressupostos desse pensamento são os corretos.
- Esses pontos sobre filosofia significam que questões filosóficas podem surgir praticamente em qualquer lugar. Muitas vezes podem envolver apresentar razões ou justificativas para maneiras de pensar e de agir que tomamos por certas, e muitas vezes podem ser difíceis de responder.
- Esses pontos também insinuam por que a filosofia pode ser algo importante a se fazer – podemos pensar em muitos casos em que, aparentemente, a história poderia ter sido transformada para melhor se as pessoas tivessem dado um passo para trás e tentado justificar para si mesmas suas maneiras de pensar e de agir.
- Ao fazer filosofia, geralmente estamos preocupados em apresentar ou avaliar argumentos – isto é, evidências e

sequências de raciocínio que levam a uma conclusão. Tentamos apresentar argumentos que sejam válidos (o que significa que, se as premissas do argumento são verdadeiras, a conclusão também deve ser verdadeira) e sólidos (o que significa que são válidos e têm premissas verdadeiras – e, portanto, sua conclusão é verdadeira). Podemos criticar argumentos tentando mostrar que uma (ou mais) de suas premissas é falsa (o argumento não é sólido), ou que a verdade da conclusão não decorre das premissas (o argumento não é válido).
- A questão de o que significa pensar nas coisas da "maneira correta" é complicada. Hume tinha uma visão cética das possibilidades da filosofia, visto que argumentou que a filosofia só pode mostrar o modo como pensamos, e não se isso corresponde ao modo como o mundo é. Em resposta a Hume, Kant argumentou que podemos revelar verdades sobre o mundo unicamente por meio do pensamento, já que as regras que governam nosso pensamento também são as regras que governam o mundo.

Questões para estudo

1. Neste capítulo, eu propus que a filosofia é a atividade de descobrir a maneira correta de pensar sobre as coisas. Você acha que essa é uma boa definição de filosofia? Deixa de fora alguma coisa que você considera que conta como filosofia? Ou inclui alguma coisa que não deveria contar como filosofia? (Talvez seja interessante comparar suas respostas a essa pergunta antes e depois de você ter lido o restante do livro.)
2. Que perguntas faríamos se estivéssemos fazendo filosofia da matemática, em vez de fazendo matemática?
3. Stephen Hawking recentemente perturbou os filósofos ao dizer que a ciência havia substituído a filosofia como uma

maneira de responder a todas as perguntas importantes sobre nós mesmos e o mundo. Você acha que há perguntas que a ciência não é capaz de responder, mas a filosofia sim?
4. Além dos exemplos que consideramos neste capítulo, você pode dar um exemplo de questão filosófica que parece ser importante? Pode dar um exemplo de questão filosófica que parece não ter importância?
5. Proponha um argumento que é válido, mas não é sólido. Agora proponha um argumento que é válido e sólido.
6. Quais das respostas ao argumento contra o livre-arbítrio neste capítulo você considera mais convincentes? Por quê?
7. Qual explicação das possibilidades da filosofia você considera mais convincente – a de Hume ou a de Kant? Você consegue pensar em como Hume poderia responder a Kant?

Leitura complementar introdutória

BERLIN, I. (1980) "The Purpose of Philosophy", em seus *Concepts and Categories: Philosophical Essays*, Oxford: Oxford University Press. (Excelente ensaio sobre a natureza e o propósito da filosofia, do qual foi tirada a citação apresentada na conclusão da seção anterior.)

BLACKBURN, S. (2001) *Pense – Uma introdução à filosofia*. Trad. António Infante et al. Lisboa: Gradiva. (Uma excelente introdução à filosofia, abrangendo muitos de seus ramos.)

HUME, D. (1748/2013) *Investigação sobre o entendimento humano*. Trad. Artur Morão. Lisboa: Edições 70. (Se você deseja saber mais sobre as visões de Hume sobre a mente e sobre nosso conhecimento do mundo, sua *Investigação* é acessível e agradável de se ler.)

NAGEL, T. (1989/1995) *Que quer dizer tudo isto?* Trad. Teresa Marques. Lisboa: Gradiva. (Assim como *Pense*, de Blackburn, esta é uma introdução breve, e de fácil leitura, a alguns dos principais ramos da filosofia.)

Rosenberg, J. (1996) *The Practice of Philosophy: A Handbook for Beginners*, Upper Saddle River, NJ: Prentice Hall. (Uma introdução acessível à forma de argumentação filosófica e ao modo como pensamos e escrevemos criticamente sobre argumentos filosóficos.)

Leitura complementar avançada

Kant, I. (1787/2012). *Crítica da razão pura*. Trad. Fernando Costa Mattos. São Paulo: Vozes. (Kant é mais difícil de ler do que Hume. Mas, se você deseja entender mais sobre suas ideias acerca da natureza e dos limites da filosofia, os Prefácios e as Introduções de sua *Crítica da razão pura* são mais fáceis de ler do que o restante do livro, e são um bom começo. Para uma versão mais acessível, ver a excelente tradução para o inglês (comentada) de Jonathan Bennett, disponível em http://www.earlymoderntexts.com/assets/pdfs/kant1781part1_1.pdf.)

Murdoch, I. (1970/2013) *A soberania do bem*. Trad. Julián Fuks. São Paulo: Unesp. (Embora não lide diretamente com as ideias apresentadas neste capítulo, o livro de Murdoch é um dos meus exemplos favoritos de escrita filosófica. Eu o incluí aqui porque o considero um excelente exemplo de filosofia que consegue ser clara, precisa e cuidadosa ao apresentar um argumento que é impossível de ser reduzido a uma série direta de premissas e uma conclusão.)

Platão. *Apologia de Sócrates*. Trad. André Malta. Porto Alegre: L&PM Editores, Coleção L&PM Pocket, 2008.

Russell, B. (1998/2008). *Os problemas da filosofia*. Trad. Desidério Murcho. Lisboa: Edições 70. (Uma introdução um pouco mais avançada ao pensamento filosófico do que as apresentadas na seção anterior, mas ainda acessível. Apresenta os problemas da filosofia que pareciam mais prementes quando foi escrita originalmente em 1912, mas continua um clássico!)

STRAWSON, P. F. (1962/2015). "Liberdade e ressentimento". Trad. Jaimir Conte. In: CONTE, J.; GELAIN, I. L. (Orgs.) *Ensaios sobre a filosofia de Strawson*. Florianópolis: UFSC. (Um artigo influente argumentando que nossa compreensão acerca de nós mesmos como seres livres e responsáveis por nossas ações não deve ser solapada pelo fato de que o passado controla o presente e o futuro.)

Referências on-line

JOLL, N. (2010) "Contemporary Metaphilosophy", in DOWDEN, B. e FIESER, J. (Orgs.) *Internet Encyclopedia of Philosophy* [enciclopédia on-line], www.iep.utm.edu/con-meta/. (Uma introdução abrangente, mas acessível, a diferentes abordagens na filosofia da filosofia ao longo dos últimos cem anos.)
"What Is Philosophy?", *Philosophy Bites* [blog], 14 de novembro de 2010, http://philosophybites.com/2010/11/what-is-philosophy.html. (25 minutos interessantes, nos quais filósofos contemporâneos tentam dizer o que pensam que é filosofia.)
The Partially Examined Life [podcast], www.partiallyexaminedlife.com. (Um podcast interessante de um grupo de pós-graduandos em filosofia sobre um tema, imagem ou livro diferente a cada três semanas. Muitos episódios são relevantes para este capítulo: os episódios 1 e 2, sobre a *Apologia* de Platão (e a filosofia em geral), o episódio 17, sobre Hume, o episódio 19, sobre Kant, e o episódio 73, sobre "Por que fazer filosofia?". Alerta: ocasionalmente, contém linguagem forte!)

2. O que é conhecimento? Temos algum?

Duncan Pritchard

Introdução

Este capítulo apresenta uma área da filosofia chamada "teoria do conhecimento", também conhecida como **epistemologia**. Em particular, exploraremos duas questões filosóficas que são fundamentais para a epistemologia. A primeira pergunta é: qual a natureza do conhecimento? O que determina se alguém conhece alguma coisa ou não? Como veremos, essa pergunta é mais difícil de responder do que você poderia supor. A segunda pergunta é: nós temos algum conhecimento? Essa questão diz respeito ao problema filosófico do **ceticismo radical**, que é o problema de demonstrar que de fato temos o conhecimento que tipicamente creditamos a nós mesmos. Em sua forma mais extrema, o ceticismo radical sustenta que o conhecimento é simplesmente impossível. Explicar exatamente o que há de equivocado no ceticismo radical é um verdadeiro desafio, e espero convencê-lo disso. Abordaremos cada uma dessas perguntas isoladamente, já que precisamos ter uma compreensão razoável do que é conhecimento antes de entender o que é que os céticos estão afirmando que não temos.

Conhecimento proposicional *versus* conhecimento processual

Considere todas as coisas que você sabe, ou pelo menos pensa que sabe, neste momento. Você sabe, por exemplo, que a Terra é redonda e que Paris é a capital da França. Você sabe que fala (ou pelo menos lê) português e que dois mais dois são quatro. Você sabe, supostamente, que todos os solteiros são homens não casados, que é errado ferir as pessoas por diversão, que *O poderoso chefão II* é um filme maravilhoso e que a lua não é feita de queijo. E assim por diante.

Mas o que todos esses casos de conhecimento têm em comum? Pense novamente nos exemplos que acabei de dar, que incluem conhecimento geográfico, linguístico, matemático, estético, ético e científico. Considerando todos esses tipos de conhecimento, o que – se é que há alguma coisa – une todos eles?

Em todos os exemplos de conhecimento que acabei de dar, o tipo de conhecimento em questão é o que chamamos **conhecimento proposicional**, ou seja, o conhecimento de uma **proposição**. Uma proposição é o que se afirma por meio de um enunciado – por exemplo, que a Terra é plana, que os solteiros são homens não casados, que 2 + 2 = 4 e assim por diante. O conhecimento proposicional será o foco desta seção do livro, mas também devemos reconhecer desde o início que não é o único tipo de conhecimento que temos.

Há, por exemplo, o **conhecimento processual**, ou "know--how". O conhecimento processual é claramente diferente do conhecimento proposicional; eu sei nadar, por exemplo, mas nem por isso conheço um conjunto de proposições sobre como nadar. De fato, não estou totalmente convencido de que poderia ensinar alguém a nadar, mas ainda assim sei nadar (e posso provar isso manifestando essa aptidão – pulando em uma piscina e praticando o nado de peito, por exemplo).

O conhecimento processual é, certamente, um tipo importante de conhecimento a se ter. Queremos saber fazer um monte de coisas, como andar de bicicleta, dirigir ou usar um computador. Observe, no entanto, que, embora apenas os seres relativamente sofisticados, como os humanos, tenham conhecimento proposicional, o conhecimento processual é muito mais comum. Seria plausível afirmar que uma formiga sabe se guiar por seu terreno, mas poderíamos dizer que a formiga tem conhecimento proposicional, isto é, que há fatos que a formiga conhece? A formiga teria como saber, por exemplo, que o terreno que está atravessando no momento é a varanda de alguém? Intuitivamente, não, e isso assinala a importância do conhecimento proposicional em comparação com outros tipos de conhecimento, como o processual: o conhecimento proposicional pressupõe aptidões intelectuais relativamente sofisticadas, do tipo de que são dotados os humanos (maduros).

De agora em diante, quando falarmos em conhecimento, teremos em mente o conhecimento proposicional.

Conhecimento, verdade e crença

Duas coisas sobre as quais praticamente todos os epistemólogos concordam é que um pré-requisito para ter conhecimento é que se tenha uma crença na proposição em questão e que essa crença seja verdadeira. Então, se você sabe que Paris é a capital da França, precisa acreditar que isso é verdade, e sua crença também precisa ser verdadeira.

Considere primeiro o requisito da crença. Às vezes, *contrastamos* explicitamente crença e conhecimento, ao dizer coisas como "eu não apenas acredito que ele é inocente; eu sei disso", o que, à primeira vista, pode parecer implicar que o conhecimento não requer crença, afinal. Entretanto, se refletirmos com mais cuidado sobre esse tipo de afirmação, fica claro que o contraste entre crença e conhecimento está sendo usado aqui unicamente para enfatizar o fato de que a pessoa *não só* acredita na proposição em questão como *também* a conhece. Desse modo, tais afirmações efetivamente corroboram, em vez de enfraquecer, a declaração de que o conhecimento requer uma crença.

A fim de avaliar mais a fundo se o requisito da crença para o conhecimento é plausível, imagine, por um instante, que tal requisito não se sustenta. Isso significaria que poderíamos ter conhecimento de uma proposição na qual nem sequer acreditamos. Suponha, por exemplo, que alguém afirmou saber a resposta de um teste de múltipla escolha, embora o comportamento da pessoa deixasse claro que ela nem sequer acreditava na proposição em questão (talvez apresentasse uma resposta diferente à pergunta, ou resposta nenhuma). Claramente, não concordaríamos que essa pessoa tinha conhecimento nesse caso. A razão para isso está relacionada com o fato de que dizer que alguém tem conhecimento é creditar a essa pessoa um certo tipo de sucesso. Mas, para que o sucesso seja *seu*, a crença na proposição em questão é essencial, já que, do contrário, esse sucesso não poderia ser creditado a você.

Em seguida, considere o requisito da verdade. Em particular, é plausível supor que se poderia conhecer uma proposição falsa? É claro, muitas vezes *pensamos* que conhecemos alguma coisa e então percebemos que estávamos equivocados, mas isso simplesmente equivale a dizer que, na verdade, não a conhecíamos desde o início. Podemos conhecer genuinamente uma proposição falsa? Eu poderia saber, por exemplo, que a lua é feita de queijo, embora evidentemente não seja? Imagino que quando falamos que alguém tem conhecimento pretendemos excluir tal possibilidade. Isso porque atribuir conhecimento a alguém é considerar que a pessoa entendeu algo corretamente, e isso significa que o que consideramos que essa pessoa sabe não deve ser falso, e sim verdadeiro.

Observe que ao dizer que o conhecimento requer uma crença verdadeira precisamos tomar cuidado para esclarecer que, com isso, *não* estamos dizendo que o conhecimento requer infalibilidade, de modo a não haver possibilidade de se cometer um erro a esse respeito. Supostamente, você sabe o que comeu no café da manhã. A afirmação de que o conhecimento requer uma crença verdadeira implica, portanto, que sua crença sobre o que comeu no café da manhã é verdadeira. Mas um assunto como o que você comeu no café da manhã certamente não é o tipo de coisa sobre o qual alguém poderia estar equivocado. Que o conhecimento requeira uma crença verdadeira significa apenas que você de fato não está equivocado nesse caso; não significa que não haveria possibilidade de você estar equivocado (isto é, se as coisas tivessem sido diferentes – por exemplo, se alguém o tivesse enganado, trocando seu cereal por outro).

Conhecimento *versus* mera crença verdadeira

Muitas vezes, observa-se que a crença *almeja* a verdade, no sentido de que, quando acreditamos em uma proposição, acreditamos que esta seja verdadeira. Quando o que acreditamos é verdadeiro, há uma correspondência entre o que pensamos ser e o que de fato é. Entendemos as coisas corretamente. No entanto, se a mera crença verdadeira é suficiente para "entender corretamente", poderíamos nos perguntar por que os epistemólogos não param de procurar uma explicação para o conhecimento e simplesmente defendem que o conhecimento é nada mais que uma crença verdadeira (isto é, "entender corretamente").

Há, de fato, uma boa razão pela qual os epistemólogos não se contentam com a mera crença verdadeira como definição de conhecimento, e é a seguinte: podemos obter uma crença verdadeira por *acidente* e, nesse caso, não teríamos crédito algum por ter entendido corretamente. Considere Harry, que constrói sua crença de que o cavalo Lucky Lass vencerá a próxima corrida puramente com base no fato de que o nome do cavalo chama sua atenção. Claramente, essa não é uma boa base sobre a qual construir uma crença sobre o vencedor da próxima corrida de cavalos, já que o nome do animal não tem influência alguma sobre seu desempenho.

Suponha, entretanto, que a crença de Harry se revele verdadeira e que Lucky Lass *de fato* vença a próxima corrida. Isso é conhecimento? Intuitivamente, não, já que é apenas questão de *sorte* que sua crença seja verdadeira nesse caso. Tenha em mente que o conhecimento envolve um tipo de sucesso que pode ser creditado ao agente. Um ponto crucial, no entanto, é que os sucessos que podem ser atribuídos à mera sorte nunca são creditados ao agente.

Para enfatizar esse ponto, pense por um instante sobre sucessos em outro contexto, como o arco. Observe que, se um indivíduo for um arqueiro genuinamente habilidoso, ao tentar acertar o centro do alvo, nas condições adequadas (por exemplo, se o vento não estiver soprando), normalmente *conseguirá* fazê-lo. Isso é exatamente o que significa ser um arqueiro habilidoso. A palavra "normalmente" é importante aqui, já que um indivíduo que não é um arqueiro habilidoso pode, por acaso, acertar o centro do alvo em determinada ocasião, mas não o acertaria *normalmente* nessas condições. Talvez, por exemplo, ele mire e, por sorte, sua flecha acerte o centro do alvo. O mero fato de ter acertado nessa ocasião específica significa que ele é um arqueiro habilidoso? Não, e a razão para isso é que ele não seria capaz de repetir seu sucesso. Se tentasse outra vez, por exemplo, sua flecha muito provavelmente zarparia para o céu.

Ter conhecimento é exatamente como isso. Imagine que sua crença é uma flecha mirando o centro do alvo, a verdade. Acertar o centro do alvo e construir uma crença verdadeira é o suficiente para entender as coisas corretamente, já que tudo isso significa que a pessoa teve sucesso nessa ocasião. Mas não é o suficiente para ter conhecimento, assim como acertar o centro do alvo por acaso não indica que você é um arqueiro habilidoso. Para ter conhecimento, seu sucesso deve genuinamente ser resultado de seus esforços, e não um mero acidente. Somente então o sucesso pode ser atribuído a você. E isso significa que construir sua crença da maneira como você faz deve, normalmente e nessas circunstâncias, levar a uma crença verdadeira. Harry, que constrói sua crença verdadeira de que Lucky Lass vencerá a corrida apenas porque gosta do nome, é como a pessoa que acerta por acaso o centro do alvo, mas não é um arqueiro habilidoso. Normalmente, construir uma crença sobre se um cavalo vencerá uma corrida considerando apenas se o nome do cavalo chama sua atenção o levará a construir uma crença falsa.

Compare Harry com alguém que sabe genuinamente que Lucky Lass vencerá a corrida. Talvez, por exemplo, essa pessoa seja um "Mr. Big", um gângster que arranjou a corrida drogando os outros animais para que seu cavalo, Lucky Lass, saia vitorioso. Ele sabe que a corrida será vencida por Lucky Lass porque o modo como construiu sua crença, baseando-a nas razões especiais que ele tem para pensar que Lucky Lass não pode perder, normalmente o levaria a ter uma crença verdadeira. Não é uma questão de sorte que Mr. Big acerte o alvo da verdade.

O desafio para os epistemólogos é, portanto, explicar o que precisa ser acrescentado à mera crença verdadeira para se obter conhecimento. Em particular, os epistemólogos têm de explicar o que precisa ser acrescentado à crença verdadeira para capturar essa ideia de que o conhecimento, ao contrário da mera crença verdadeira, envolve um sucesso que pode ser creditado ao agente, onde isso significa, por exemplo, que a crença verdadeira do agente não foi simplesmente uma questão de sorte.

A definição clássica de conhecimento

Então, ao que parece, o conhecimento requer mais do que apenas uma crença verdadeira. Mas qual poderia ser esse componente adicional? A resposta natural a essa pergunta, uma que com frequência é atribuída ao antigo filósofo grego Platão (*c.* 427-*c.* 347 a.C.), é que é necessário que a pessoa tenha uma *justificativa* para sua crença, ou seja, que tenha boas razões para pensar que aquilo em que acredita é verdadeiro. Essa proposta é conhecida como **definição clássica de conhecimento**. (Às vezes também é chamada de definição "tripartite" – isto é, com três partes – de conhecimento.)

Considere novamente o caso de Harry, que acredita que Lucky Lass vencerá a corrida porque gosta do nome do cavalo, e de Mr. Big, que constrói a mesma crença com base no fato de ter arranjado a corrida. Como observamos, embora ambos os agentes tenham uma crença verdadeira, apenas Mr. Big tem conhecimento daquilo em que acredita. A afirmação de que é a justificativa que marca a diferença entre conhecimento e a mera crença verdadeira está de acordo com essa avaliação das crenças dos dois agentes. Mr. Big, afinal, tem excelentes razões para corroborar sua crença verdadeira, pois está ciente de que os outros cavalos foram drogados e, portanto, não têm a menor chance de ganhar (ao contrário de Lucky Lass, que não está drogado). Harry, por sua vez, não pode oferecer nenhuma boa razão para corroborar sua crença. Que ele, por acaso, tenha gostado do nome do cavalo dificilmente é uma boa razão para pensar que esse cavalo vencerá a corrida!

É plausível afirmar, portanto, que o ingrediente faltante em nossa definição de conhecimento é a justificativa, de modo que o conhecimento é uma crença verdadeira justificada. De fato, até relativamente pouco tempo atrás a maioria dos epistemólogos pensava que essa teoria do conhecimento estivesse correta. Infelizmente, conforme veremos, a definição clássica de conhecimento não pode estar correta, apesar de sua aparente plausibilidade.

O problema de Gettier

A pessoa que demonstrou que a definição clássica de conhecimento não se sustenta foi um filósofo chamado Edmund Gettier (nascido em 1927). Em um artigo breve, de apenas duas páginas e meia, ele apresentou um conjunto devastador de exemplos contrários à definição clássica – que hoje são conhecidos como **casos Gettier**. Em essência, o que Gettier demonstrou foi que é possível ter uma crença verdadeira justificada e, ainda assim, não ter conhecimento daquilo em que se acredita, porque a crença verdadeira foi adquirida por sorte, da mesma maneira que Harry adquiriu sua crença.

Usaremos um exemplo diferente dos citados por Gettier, embora com a mesma estrutura geral. Imagine um homem, o chamemos John, que desce de seu quarto certa manhã e vê que o relógio do avô no hall marca 8h20. Com base nisso, John passa a acreditar que são 8h20, e essa crença é verdadeira, já que *são* 8h20. Além do mais, a crença de John é justificada, visto que há excelentes explicações para ela. Por exemplo, John geralmente desce de seu quarto mais ou menos nesse horário todas as manhãs, então ele sabe que o horário é mais ou menos certo. Além disso, o relógio informou as horas com precisão durante muitos anos, e John não tem motivo para pensar que agora está com defeito. Portanto, ele tem boas razões para pensar que a hora mostrada no relógio é correta.

Mas suponha que o relógio parou de funcionar 24 horas antes, um fato que John desconhece, de modo que agora está construindo uma crença verdadeira justificada ao olhar para um relógio parado. Intuitivamente, se esse fosse o caso, John careceria de conhecimento, embora atendesse às condições estipuladas pela definição clássica de conhecimento. Afinal, que John tenha uma crença verdadeira neste caso é, em última instância, uma questão de sorte, assim como a crença de Harry de que Lucky Lass venceria a corrida em Kempton.

Se John tivesse descido de seu quarto um pouco antes ou um pouco depois – ou se o relógio tivesse parado em um horário um pouco diferente –, ele, ao olhar para esse relógio, teria construído uma crença falsa sobre que horas eram. Assim, podemos concluir que conhecimento não é simplesmente uma crença verdadeira justificada.

Há uma forma geral para todos os casos Gettier e, sabendo disso, podemos usá-la para construir um sem-número de casos. Para começar, devemos observar que é possível ter uma crença falsa justificada, já que isso é crucial para os casos Gettier. Por exemplo, suponha que você construiu uma crença falsa ao olhar para um relógio que você não tinha razão alguma para pensar que não estava funcionando adequadamente, mas – embora você desconheça este fato – não estava. Claramente, essa crença seria justificada, mas ainda assim é falsa. Com isso em mente, há três etapas a serem seguidas para construir seu próprio caso Gettier.

Em primeiro lugar, considere um indivíduo que constrói sua crença de uma maneira que normalmente o levaria a ter uma crença falsa. No exemplo acima, tomamos o caso de alguém olhando para um relógio parado a fim de saber que horas eram. Claramente, usar um relógio parado para descobrir que horas são normalmente resultaria em uma crença falsa.

Em segundo lugar, acrescente algum detalhe ao exemplo para garantir que a crença do indivíduo seja, ainda assim, justificada. No exemplo acima, o detalhe que acrescentamos foi que o indivíduo não tinha razão alguma para pensar que o relógio não estava funcionando corretamente (o relógio normalmente é confiável, está mostrando o que parece ser a hora certa, e assim por diante), garantindo, assim, que sua crença seja totalmente justificada.

Por fim, construa o argumento de forma tal que, embora o modo como o indivíduo construiu sua crença normalmente resultasse em uma crença falsa justificada, nesse caso aconteceu de a crença ser verdadeira. No caso do relógio parado, fazemos isso ao estipular que, por acaso, o relógio está "mostrando" a hora certa.

Reunindo todos esses elementos, podemos construir do zero um caso Gettier totalmente novo. Como exemplo de alguém crença de que há uma ovelha no campo ao olhar para um cachorro peludo que por acaso tem a aparência de uma ovelha. Mas, como se vem a saber, há uma ovelha no campo (parada atrás do cachorro), e, consequentemente, a crença de Gayle é verdadeira. Além do mais, sua crença também é justificada porque ela tem um excelente motivo para pensar que há uma ovelha no campo (ela pode ver o que parece ser uma ovelha no campo, por exemplo).

Porém, considerando a imediatismo da crença de Gayle neste caso, é difícil perceber que esta realmente pressupõe outras crenças, a não ser que tomemos a noção de pressuposto de uma forma *muito* ampla. E observe que, se tomarmos a noção de pressuposto de forma tão ampla a ponto de considerar que Gayle está fazendo uma pressuposição ilícita, ressurge o problema de como explicar casos aparentemente genuínos de conhecimento, como, intuitivamente, aquele que Sally possui.

O dilema para os que propõem esse tipo de resposta aos casos Gettier é, portanto, explicar como devemos entender a noção de pressuposto de forma ampla o suficiente para que se aplique a todos os casos Gettier e, ao mesmo tempo, de forma estrita o suficiente para que não se aplique a outros casos não Gettier em que, intuitivamente, consideraríamos que o indivíduo em questão tem conhecimento. Em suma, queremos uma resposta ao problema que explique por que John carece de conhecimento e que não por isso prive Sally de conhecimento.

Quando se reconheceu que não havia resposta fácil para o problema que os casos Gettier apresentavam para a definição clássica de conhecimento, teve início a corrida para encontrar uma maneira radicalmente nova de analisar o conhecimento – uma que fosse à prova de Gettier. Uma característica que todas essas definições têm em comum é que elas entendem as condições para o conhecimento de maneira tal que requerem mais cooperação do mundo do que simplesmente que a crença em questão seja verdadeira. Isto é, na definição clássica de conhecimento há uma condição que se relaciona com o mundo – a condição de verdade – e duas condições que se relacionam conosco enquanto agentes – as condições de crença e de justificativa. Essas duas últimas condições, pelo menos como normalmente são entendidas, não requerem nada do mundo, no sentido de que poderiam ser atendidas independentemente de como o mundo é. Se eu fosse vítima de uma alucinação, por exemplo, poderia ter toda uma gama de experiências totalmente enganosas, experiências que, no entanto, me levariam a acreditar em algo e, além do mais, acreditar justificadamente. (Por exemplo, se tenho a impressão de ver que há um vidro à minha frente, certamente essa é uma boa razão – e, portanto, justificada – para acreditar que há um vidro à minha frente, ainda que a aparência do vidro seja uma ilusão.) Mas a moral dos casos Gettier é que, para ter conhecimento, você precisa requerer mais do mundo do que simplesmente que a crença justificada seja verdadeira.

No caso Gettier do relógio parado, por exemplo, o problema surgiu porque, embora John tivesse excelentes motivos para acreditar no que acreditava, permanecia o fato de que ele não conhecia aquilo em que acreditava, por causa de uma adversidade no mundo – neste caso, que o relógio, normalmente confiável, havia não só parado como havia parado de tal forma que, ainda assim, John construiu uma crença verdadeira. Portanto, ao que parece, precisamos de uma definição de conhecimento que imponha mais um requisito ao mundo, além da verdade da crença em questão – que, por exemplo, o agente esteja, *de fato*, construindo sua crença da maneira correta. Mas especificar exatamente em que consiste esse requisito está longe de ser uma tarefa fácil.

Ceticismo radical

No debate contemporâneo, normalmente se entende que o ceticismo radical não deve ser considerado uma posição filosófica (isto é, um ponto de vista que alguém adota), e sim um desafio que todo teórico do conhecimento deve superar. Isto é, o ceticismo radical pretende servir a uma função *metodológica*. O objetivo é mostrar que determinada teoria do conhecimento é à prova de ceticismo, já que, se não for – se admitir que a maior parte do conhecimento é impossível –, então deve haver algo muito errado com tal teoria. Da mesma forma, não devemos pensar no "cético" como uma pessoa – como alguém que está tentando nos convencer de alguma coisa –, e sim como nossa consciência intelectual, que está apresentando um tipo específico de problema para nossa posição epistemológica, a fim de destrinçar o que nossa visão realmente implica e analisar se é uma posição plausível a se adotar.

Há dois componentes principais nos argumentos céticos, tal como normalmente são entendidos na discussão contemporânea sobre o tema. O primeiro componente está relacionado com o que é conhecido como **hipótese cética**. Uma hipótese cética é um cenário em que você está radicalmente enganado sobre o mundo e, ainda assim, sua experiência do mundo é exatamente como seria se você não estivesse radicalmente enganado. Considere, por exemplo, o destino do protagonista no filme *Matrix*, que passa a perceber que suas experiências passadas do mundo estavam, na verdade, sendo "inseridas" em seu cérebro embora seu corpo estivesse confinado a uma grande cuba. Igualmente, embora ele parecesse vivenciar um mundo cheio de interações com outras pessoas, na verdade ele não estava interagindo com ninguém nem com *nada* (pelo menos, nada além dos tubos na cuba que o estavam "alimentando" com essas experiências), mas, em vez disso, estava apenas flutuando sem se mover. Chamemos essa hipótese de hipótese cética do *cérebro numa cuba*.

O problema que as hipóteses céticas colocam é que parecemos incapazes de saber se elas são falsas. Afinal, se nossa experiência do mundo pudesse ser exatamente como é e, ainda assim, fôssemos vítimas de uma hipótese cética, então, com base em que poderíamos esperar distinguir entre uma experiência genuína do mundo e uma ilusória? Como poderíamos saber que não somos um cérebro numa cuba, considerando que não teríamos como perceber a diferença entre as experiências que teríamos na cuba e as experiências que teríamos se tudo fosse perfeitamente normal? A primeira afirmação crucial do argumento cético é, portanto, que somos incapazes de saber que não somos vítimas de hipóteses céticas.

O segundo componente do argumento cético envolve a afirmação de que, se não temos como saber se as hipóteses céticas são falsas, decorre que não temos como saber muita coisa. Neste instante, por exemplo, penso que sei que estou sentado aqui à minha mesa escrevendo este capítulo. Mas, considerando que não sei se não sou vítima de uma hipótese cética, e considerando que se eu fosse vítima de uma hipótese cética o mundo pareceria exatamente como é agora, ainda que eu *não* estivesse sentado à minha mesa neste momento, como posso saber que estou sentado à minha mesa? O problema é que, uma vez que eu não tenho como eliminar as hipóteses céticas, eu não pareço capaz de saber muita coisa.

Podemos expressar esse argumento cético mais ou menos da seguinte maneira:

> Premissa 1. Não temos como saber se as hipóteses céticas são falsas.
> Premissa 2. Se não temos como saber se as hipóteses céticas são falsas, não temos como saber qualquer coisa importante sobre o mundo.
> Conclusão. Portanto, não temos como saber qualquer coisa importante sobre o mundo.

Assim, duas afirmações muito plausíveis sobre nosso conhecimento podem ser usadas para elaborar um argumento convincente que produz essa conclusão cética radicalmente devastadora. Nesse sentido, o argumento cético é um paradoxo – isto é, uma série de premissas aparentemente intuitivas que, reunidas, acarretam uma conclusão absurda e, portanto, *contraintuitiva*.

Já observamos que é muito difícil refutar a primeira premissa, pois tudo indica que não teríamos como saber que não somos vítimas de uma hipótese cética, como a hipótese do cérebro numa cuba. Portanto, poderíamos pensar que a relação mais fraca neste argumento deve ser a segunda premissa.

Esta é uma base sobre a qual poderíamos questionar a segunda premissa. Não parece demasiado exigente? Ou seja, não é pedir demais de um conhecedor que ele seja capaz de eliminar hipóteses céticas radicais caso queira ter um conhecimento abrangente do mundo à sua volta? Por que, por exemplo, para que se considere que eu sei que estou sentado à minha mesa neste momento, primeiro devo ser capaz de eliminar a possibilidade de que sou um cérebro numa cuba sendo "alimentado" com experiências por supercomputadores futuristas que estão lá para me enganar? Certamente, tudo que preciso fazer para ter conhecimento neste caso é construir minha crença da maneira correta e que essa crença seja corroborada pelas evidências apropriadas (por exemplo, que posso ver a mesa à minha frente). Exigir mais do que isso parece perverso, e se o ceticismo simplesmente reflete padrões epistêmicos indevidamente estritos não é nem de longe tão problemático quanto poderia parecer à primeira vista. Podemos rejeitar padrões epistêmicos *perversos* com impunidade – só precisamos prestar atenção aos *intuitivamente corretos*.

Mas isso é apressado demais, pois observe que não pode ser verdade que estou sentado aqui à minha mesa e que sou um cérebro numa cuba (já que cérebros numa cuba não se "sentam" em lugar algum). Portanto, se eu sei que estou sentado à minha mesa, pareceria que também sou capaz de saber que não sou um cérebro numa cuba. Afinal, eu sei que se estou sentado à minha mesa não posso ser um cérebro numa cuba, e, supostamente, eu *sei* que estou sentado à minha mesa. Portanto, eu certamente devo ser capaz de saber, também, que não sou um cérebro numa cuba, certo? (Considere o seguinte argumento paralelo. Pode-se estar sentado ou estar de pé, mas não as duas coisas ao mesmo tempo. Portanto, se eu sei que estou sentado, certamente também sei que não estou de pé, já que o fato de saber que estou sentado exclui a possibilidade de eu estar de pé.) É claro que o problema com tudo isso é que já concedemos ao cético, na primeira premissa, que não temos como saber se são falsas as hipóteses céticas, como a de que somos um cérebro numa cuba. Daí decorre que se ter conhecimento de algo tão mundano como estar sentado à minha mesa implica saber que não sou um cérebro numa cuba, então eu não tenho como ter esse conhecimento mundano, afinal. Portanto, estamos de volta ao nosso problema original de explicar qual das duas premissas que formam este argumento é falsa.

O problema do ceticismo radical, portanto, parece girar em torno de afirmações muito plausíveis que são difíceis de se negar, e isso significa que responder a este problema não é tão fácil quanto pode parecer. Portanto, não só é difícil explicar o que é conhecimento (por causa do problema de Gettier), como também é difícil demonstrar que temos grande parte do conhecimento que consideramos ter (por causa do problema do ceticismo radical). Desse modo, testemunhamos neste capítulo – em linhas gerais, pelo menos – dois dos problemas mais importantes da epistemologia contemporânea.

Resumo do capítulo

- Epistemologia é a teoria do conhecimento. Uma das questões características da epistemologia consiste em descobrir o que todos os tipos de conhecimento que atribuímos a nós mesmos têm em comum: *O que é conhecimento?*
- Podemos distinguir entre o conhecimento de proposições, ou *conhecimento proposicional*, e o know-how, ou

conhecimento processual. Intuitivamente, o primeiro demanda um grau maior de sofisticação intelectual da parte do conhecedor do que o segundo.
- Para ter conhecimento de uma proposição, essa proposição deve ser verdadeira, e deve-se acreditar nela.
- No entanto, a mera crença verdadeira não é suficiente para o conhecimento, já que se pode adquirir uma crença verdadeira unicamente por sorte, mas não se pode adquirir conhecimento unicamente por sorte.
- De acordo com a *definição clássica de conhecimento*, o conhecimento é entendido como uma crença verdadeira justificada, onde uma justificativa para uma crença consiste de boas razões para pensar que a crença em questão é verdadeira.
- Os *casos Gettier* são casos em que um indivíduo constrói uma crença verdadeira justificada e ainda assim carece de conhecimento, porque a verdade da crença é, em grande medida, uma questão de sorte. (O exemplo que demos para isso foi o de alguém que constrói uma crença verdadeira sobre que horas são ao olhar para um relógio parado que por acaso está mostrando a hora certa.) Os casos Gettier demonstram que a definição clássica de conhecimento, em termos de uma crença verdadeira justificada, não se sustenta.
- Não há uma resposta fácil para os casos Gettier; nem uma maneira simples de complementar a definição clássica de conhecimento de modo que possa lidar com esses casos. Ao contrário, é preciso uma maneira radicalmente nova de entender o conhecimento, uma que demande mais cooperação por parte do mundo do que simplesmente que a crença em questão seja verdadeira.
- *Ceticismo radical* é a visão de que é impossível saber muita coisa. Não estamos interessados nessa visão porque alguém a defenda positivamente como uma posição séria, e sim

porque examinar os tipos de considerações que podem ser apresentadas a favor do ceticismo radical nos ajuda a pensar sobre o que é conhecimento.
- Um tipo de argumento cético dominante recorre ao que é conhecido como *hipótese cética*. Esta é um cenário que é indistinguível da vida normal, mas em que somos radicalmente enganados (por exemplo, a possibilidade de que sejamos um cérebro sem corpo flutuando numa cuba cheia de nutrientes, sendo "alimentados" com experiências por supercomputadores).
- Usando hipóteses céticas, o cético pode raciocinar da seguinte maneira. Sou incapaz de saber se não sou vítima de uma hipótese cética (uma vez que tal cenário é indistinguível da vida normal), e daí decorre que não tenho como conhecer nenhuma das proposições que penso conhecer, as quais são inconsistentes com as hipóteses céticas (por exemplo, que no momento estou sentado escrevendo este capítulo).

Questões para estudo

1. Explique, com suas próprias palavras, qual é a diferença entre conhecimento processual e conhecimento proposicional e dê dois exemplos de cada.
2. O que significa dizer que o conhecimento requer uma crença verdadeira, e por que os epistemólogos afirmam isso?
3. Por que a mera crença verdadeira não é suficiente para o conhecimento? Crie um exemplo de um caso em que um indivíduo acredita verdadeiramente em alguma coisa, mas não a conhece.
4. Qual é a definição clássica de conhecimento? Como a definição clássica de conhecimento explica por que uma crença verdadeira adquirida por sorte não pode ser considerada conhecimento?

5. O que é um caso Gettier, e o que esses casos demonstram? Tente formular seu próprio caso Gettier.
6. Em que sentido se poderia dizer que o problema com os casos Gettier é que eles envolvem uma crença verdadeira justificada que se baseia em um pressuposto falso? Explique, com um exemplo, por que não é possível lidar diretamente com os casos Gettier defendendo uma teoria do conhecimento que demande uma crença verdadeira justificada que não se apoie em pressupostos falsos.
7. O que é uma hipótese cética e que papel ela exerce nos argumentos céticos? Tente formular sua própria hipótese cética e use-a como parte de um argumento cético radical.

Leitura complementar introdutória

GRECO, J. (2007) "External World Skepticism", *Philosophy Compass* 2, n. 4: 624-695. (Um levantamento sofisticado, mas ainda acessível, das principais questões relacionadas com o ceticismo do tipo que nos interessa neste capítulo.)

LUPER, S. (2010) "Cartesian Skepticism", in BERNECKER, S.; PRITCHARD, D. H. (Orgs.) *The Routledge Companion to Epistemology*, Londres: Routledge. (Um levantamento competente e completamente atualizado do tipo de ceticismo que nos interessa neste capítulo.)

PRITCHARD, D. (2013) *What Is This Thing Called Knowledge?*, 3. ed., Londres: Routledge. (Ver partes I e IV para uma discussão mais completa, mas ainda acessível, sobre a natureza do conhecimento e o problema do ceticismo radical.)

STEUP, M.; TURRI, J.; SOSA, E. (Orgs.) (2013) *Contemporary Debates in Epistemology*, 2. ed., Oxford: Blackwell. (Este volume contém uma série de seções que seriam relevantes para os temas abordados neste capítulo. Ver especialmente o intercâmbio entre Jonathan Vogel e Richard Fumerton sobre ceticismo (cap. 5) e o intercâmbio entre Duncan Pritchard e Stephen Hetherington sobre se pode haver conhecimento adquirido por sorte (cap. 7).)

Leitura complementar avançada

GETTIER, E. (1963/2013) "Conhecimento é crença verdadeira justificada?" Trad. André Nascimento Pontes. Perspectiva filosófica 39: 124-127. http://www.revista.ufpe.br/revistaperspectivafilosofica/index.php/revistaperspectivafilosofica/article/view/27/26. (O artigo que iniciou o debate contemporâneo sobre qual a melhor forma de definir o conhecimento e que contém, por definição, os primeiros casos Gettier oficiais.)

HETHERINGTON, S. (2010) "The Gettier Problem", capítulo 12 de BERNECKER, S.; PRITCHARD, D. H. (Orgs.) *The Routledge Companion to Epistemology*, Londres: Routledge. (Um levantamento atualizado e muito útil sobre as principais questões levantadas pelos exemplos ao estilo de Gettier.)

PRITCHARD, D. (2009) *Knowledge*, Basingstoke: Palgrave Macmillan. (Este é um livro de estudos avançados sobre epistemologia. Os capítulos 1-4 oferecem uma visão crítica de algumas das principais análises de conhecimento na literatura contemporânea; o capítulo 6 apresenta os principais temas no debate contemporâneo relacionados com o ceticismo radical.)

SHOPE, R. K. (2002) "Conditions and Analyses of Knowing", in MOSER, P. K. (Org.) *The Oxford Handbook of Epistemology*, Oxford: Oxford University Press, p. 25-70. (Um tratamento abrangente do problema apresentado por casos Gettier e as várias respostas contemporâneas a esse problema na literatura. A discussão que começa na p. 29 é a mais relevante desse capítulo. Observe que, à medida que o livro de Shope avança, torna-se cada vez mais exigente.)

ZAGZEBSKI, L. (1999) "What Is Knowledge?", in GRECO, J.; SOSA, E. (Orgs.) *The Blackwell Companion to Epistemology*, Oxford: Blackwell, p. 92-116. (Um panorama completo das questões em torno do projeto de definir conhecimento, especialmente à luz dos casos Gettier.)

Referências on-line

HETHERINGTON, S. (2005) "Gettier Problems", in DOWDEN, B.; FIESER, J. (Orgs.) *Internet Encyclopedia of Philosophy* [enciclopédia on-line], www.iep.utm.edu/g/gettier.htm. (Um panorama excelente do problema de Gettier e das principais respostas a ele, por um dos epistemólogos mais importantes.)

ICHIKAWA, J.; STEUP, M. (2012) "The Analysis of Knowledge", in ZALTA, E. (Org.) *Stanford Encyclopedia of Philosophy* [enciclopédia on-line], http://plato.stanford.edu/entries/knowledge-analysis/. (Um panorama abrangente e excelente das questões a respeito do projeto de definir conhecimento.)

KLEIN, P. (2010) "Skepticism", in ZALTA, E. (Org.) *Stanford Encyclopedia of Philosophy* [enciclopédia on-line], http://plato.stanford.edu/entries/skepticism/. (Um panorama excelente da literatura sobre ceticismo, escrito por um dos mais importantes epistemólogos do mundo.)

PRITCHARD, D. (2002) "Contemporary Skepticism", in DOWDEN, B.; FIESER, J. (Orgs.) *Internet Encyclopedia of Philosophy* [enciclopédia on-line], www.iep.utm.edu/s/skepcont.htm. (Uma introdução acessível à literatura sobre ceticismo.)

TRUNCELLITO, D. (2007) "Epistemology", in DOWDEN, B.; FIESER, J. (Orgs.) *Internet Encyclopedia of Philosophy* [enciclopédia on-line], www.iep.utm.edu/e/epistemo.htm. (Ler até o fim do cap. 2b para saber mais sobre os requisitos elementares do conhecimento.)

3. O que significa ter uma mente?

Jane Suilin Lavelle

Introdução

O que significa ter uma mente? Tenho certeza de que qualquer pessoa lendo este livro tem uma mente, e tenho certeza de que bolas de tênis não têm mente. Mas quais são as propriedades especiais que consideramos que os seres "dotados de mente" têm? Outros animais ou bebês humanos também têm essas propriedades? É possível que coisas não orgânicas, como computadores, tenham essas propriedades? Este capítulo considera algumas respostas à pergunta sobre o que significa ter uma mente (daqui em diante, *a pergunta*).

Começamos examinando a afirmação de que as mentes são feitas de uma substância que é completamente diferente da matéria de que nosso corpo é feito. Essa visão ficou conhecida como **dualismo cartesiano** (ou "dualismo da substância"), que recebeu esse nome por causa de seu defensor mais famoso, o filósofo francês René Descartes (1596-1650). É dualista porque postula dois tipos de substância: as **substâncias materiais** ocupam uma certa quantidade de espaço (e nosso corpo e tudo mais no mundo é composto delas), ao passo que as **substâncias imateriais** não ocupam espaço algum. De acordo com o dualismo cartesiano, as mentes são feitas de substância "pensante" imaterial, que não ocupa espaço. Em consequência, a parte de mim que pensa existe de maneira independente do corpo. O dualismo cartesiano responde à *pergunta* afirmando que ter uma mente requer ter uma substância "pensante" imaterial.

Poucos filósofos contemporâneos defendem o dualismo cartesiano. No entanto, é importante entender as desvantagens dessa visão a fim de compreender devidamente o significado das teorias da mente que a seguiram. Esta é uma técnica empregada com frequência por filósofos diante de uma questão ardilosa: ao entender por que determinada resposta a uma pergunta não se sustenta, estamos em melhor condição de tentar construir uma nova resposta que não tenha as mesmas falhas. Como veremos, certos filósofos consideravam que a abordagem dualista de Descartes à *pergunta* estava na raiz de seu fracasso em fornecer uma resposta adequada e que uma estratégia melhor seria afirmar que existe apenas um tipo de substância da qual tudo, inclusive a mente, é feito. Examinaremos duas maneiras diferentes de desenvolver essa estratégia.

Explorando a transição do dualismo cartesiano para visões que defendem um único tipo de substância, iremos adquirir as ferramentas conceituais de que necessitamos para lidar com um tipo diferente de resposta à *pergunta*. É prática comum na filosofia, na psicologia e em disciplinas associadas tratar a mente como uma espécie de computador. Exploramos as razões para isso na segunda metade deste capítulo.

Um alerta antes de continuarmos: muito se escreveu sobre as questões discutidas neste capítulo, e meu objetivo é simplesmente ajudá-lo a compreender algumas das questões formativas nesse campo. Em certos momentos, farei não mais do que uma observação passageira sobre perguntas que os filósofos dedicaram a vida toda a examinar. Isso não significa diminuir a importância desses assuntos, e sempre que possível farei referência a outras fontes que os exploram com mais cuidado e rigor do que sou capaz de fazer aqui.

O que queremos de uma definição da mente

– Olá! – disse o Leitão –, o que *você* está fazendo?
– Caçando – disse Puff.
– Caçando o quê?
– Procurando uma coisa – disse o Ursinho Puff de modo um tanto misterioso.
– Procurando o quê? – disse o Leitão aproximando-se.
– Isso é exatamente o que eu me pergunto. Eu me pergunto: o quê?
– Qual você pensa ser a resposta?
– Só vou saber quando encontrar – disse o Ursinho Puff.
(A.A. Milne, *Winnie Puff*)

Antes de iniciarmos nossa caçada por uma definição da mente, é útil pensar em algumas características que acreditamos que as mentes têm, para o caso de passar por uma descrição perfeitamente boa do que significa ser dotado de uma mente sem reconhecê-la como tal. Aqui estão duas características que uma definição da mente deve explicar:

1. Causalidade
Quero tomar chá e acredito que há chá na minha caneca, e isso me leva a ir até a mesa e pegar minha caneca. Acredito que há uma estudante do lado de fora do meu escritório esperando para me ver, então abro a porta para cumprimentá-la. Tenho dor de cabeça, então tomo uma aspirina.

Esses exemplos mundanos pretendem demonstrar o quanto a causalidade é central a nosso conceito de mente. Deveríamos desconfiar se alguém publicasse uma definição do que significa ter uma mente que não fosse capaz de explicar como é que meus pensamentos podem me levar a agir e como posso alterar meus pensamentos alterando o estado do meu corpo (consumir alucinógenos altera o estado químico do meu cérebro e também altera meus pensamentos). Portanto, nosso primeiro requisito para uma definição da mente é que esta explique como meus **estados mentais** podem provocar mudanças no meu corpo (meu desejo de tomar chá, em combinação com vários outros estados mentais, faz com que eu busque minha caneca) e como mudar estados físicos do meu corpo pode exercer mudanças em meus estados mentais (por exemplo, tomar uma aspirina alivia minha dor de cabeça). Usarei o termo "estado mental" ou "estado psicológico" para me referir a qualquer fenômeno mental, por exemplo, pensamentos, emoções, sensações. A fome que sinto quando quero bacon e a alegria que sinto ao dar uma mordida em um sanduíche de bacon são exemplos de estados mentais.

2. Intencionalidade
Está claro que meus pensamentos são sobre coisas. Às vezes são sobre situações reais: posso pensar em como estou com fome ou sobre o papel de parede no corredor. Os pensamentos também podem ser sobre situações meramente possíveis: posso pensar sobre se quero ir à montanha ou à praia no fim de semana. Os pensamentos podem ser até mesmo sobre coisas impossíveis: posso pensar sobre o que um unicórnio de cinco patas cuspindo fogo faria se fosse solto no centro da cidade ou se eu poderia domar uma criatura como essa e cavalgá-la. Portanto, a segunda característica que uma definição da mente deve acomodar é como podemos ter pensamentos sobre as coisas.

Esses critérios são os menos controversos. No entanto, há uma terceira característica que intuitivamente associamos com ter uma mente: em nossa busca pelo significado de ter uma mente, sem dúvida devemos estar à procura de algo que seja *consciente*. Uma definição da mente que não aborde a consciência simplesmente ignora a característica mais óbvia que requer explicação.

Há razões para deixar a consciência de fora da lista que você pode aceitar ou rejeitar. A primeira é que a consciência é notoriamente difícil de caracterizar. Talvez a articulação mais bem conhecida venha do artigo de Thomas Nagel, "What Is it

Like to Be a Bat?" [Como é ser um morcego?], publicado em 1974. A consciência é o "como é" ter certos estados psicológicos. Há algo que é como ouvir uma orquestra sinfônica, sentir cheiro de pão assando ou ver uma rosa vermelha; no entanto, identificar a consciência para além desse "como é" é muito difícil. A segunda questão é que é controverso se a consciência é uma condição necessária para ter uma mente. Se deparássemos com um organismo que parecesse atender aos requisitos anteriores, mas que acreditássemos não ser consciente, poderíamos negar que esse organismo tem uma mente? É possível, inclusive, haver uma criatura que tivesse pensamento sobre as coisas, mas que não fosse consciente? Estas são perguntas importantes e ainda muito debatidas. A natureza efêmera da consciência é tal que, como a busca do Ursinho Puff, não temos absoluta certeza do que é que estamos procurando até encontrarmos.

Dualismo cartesiano

Agora, mapearemos algumas das dificuldades que os filósofos encontraram ao tentar responder à *pergunta* (isto é, o que significa ter uma mente), o que nos ajudará a entender como alguns filósofos chegaram à ideia de que a mente é uma espécie de computador. Começamos com o dualismo cartesiano, a visão apresentada brevemente na introdução que defende que nossa mente é feita de uma substância fundamentalmente distinta da que constitui o nosso corpo. Isso está em consonância com grande parte da nossa intuição sobre nossa mente: a visão de que nossa mente é significativamente diferente do nosso corpo forma um princípio central em muitas religiões do mundo, e o pensamento de que somos "só de carne" é, para muitos, perturbador. A mente, a parte de nós que pensa, ama e cria, parece tão diferente de tudo mais no mundo que não é insensato pensar que é porque é feita de algo totalmente diferente.

Há vários argumentos que Descartes apresenta para corroborar essa visão, e os mais importantes podem ser encontrados em suas *Meditações* (1641). Focarei no "argumento da dúvida", encontrado na Segunda Meditação. Há certa divergência entre os especialistas na obra de Descartes sobre como interpretar esse argumento, mas o que apresento aqui é uma leitura comum. É mais ou menos assim:

> Premissa 1. Posso duvidar da existência do meu corpo.
> Premissa 2. Não posso duvidar da existência dos meus pensamentos (minha mente).
> Conclusão. Portanto, minha mente deve ser feita de algo fundamentalmente diferente de tudo mais à minha volta.

Descartes acreditava que esse argumento demonstra que a mente deve ser feita de uma substância diferente da do corpo e de outras coisas encontradas no mundo físico. Isso porque tem uma propriedade que as coisas físicas não têm: não se pode duvidar de sua existência. Dito de outra forma: posso imaginar que o mundo físico não existe, mas é impossível para mim imaginar que eu não existo, porque tem de haver algo imaginando! Daí o famoso *Cogito*: "Penso, logo existo". Para pensar, deve haver alguma coisa que está pensando, e essa coisa é minha mente.

Repassemos esse argumento examinando cada premissa e verificando se, em seu conjunto, elas corroboram logicamente a conclusão.

> Premissa 1. Posso duvidar da existência do meu corpo.

Descartes afirma que ele pode imaginar não ter um corpo, embora sua vida mental persista. Portanto, ter uma mente deve ser distinto de ter um corpo porque podemos imaginar um existindo sem o outro.

Premissa 2. Não posso duvidar da existência dos meus pensamentos.

Embora eu possa duvidar de que o mundo à minha volta existe, não posso duvidar de que estou pensando. Os pensamentos, por sua própria natureza, pertencem a alguém. Os pensamentos não podem vagar por aí "sem dono". Para que haja pensamentos, tem de haver alguém pensando. E, para que haja dúvidas, tem de haver alguém duvidando. Portanto, embora eu possa duvidar de que o mundo existe, não posso duvidar de que o que quer que esteja duvidando existe. Nesse exemplo, o que está duvidando sou eu. Portanto, embora eu possa duvidar da existência de tudo à minha volta, não posso duvidar da existência da minha própria mente, porque minha mente tem de existir para que uma dúvida possa ocorrer.

Conclusão. Portanto, minha mente deve ser feita de algo fundamentalmente diferente de tudo mais à minha volta.

Essa conclusão se baseia na **lei de Leibniz**, assim chamada por causa do filósofo que a propôs, Gottfried Leibniz (1646-1716). A lei de Leibniz afirma que duas coisas são idênticas (exatamente iguais) se e somente se têm todas as propriedades em comum. Duas bolas de sinuca têm as mesmas propriedades de ser vermelhas, ter uma circunferência de 52,5 milímetros e pesar 142 gramas. No entanto, elas não têm as mesmas propriedades espaciais, já que ocupam lugares diferentes na mesa, portanto as bolas de sinuca não são exatamente iguais. Já Ronnie O'Sullivan e "o campeão mundial de sinuca de 2013" têm todas as mesmas propriedades e, portanto, Ronnie O'Sullivan é idêntico ao campeão mundial de sinuca de 2013.

Tudo isso importa porque Descartes está argumentando contra a afirmação de que a mente e o corpo são exatamente iguais. Se a mente e o corpo são exatamente iguais, então devem ter todas as propriedades em comum. Mas a mente e o corpo não têm todas as propriedades em comum, porque um indivíduo pode duvidar da existência do corpo (premissa 1), mas não pode duvidar da existência da mente (premissa 2). Portanto, pela lei de Leibniz, a mente e o corpo não podem ser exatamente iguais, porque diferem em suas propriedades.

Um desafio ao argumento da dúvida

O problema mais premente com o argumento da dúvida é que, embora revelador sobre a natureza da dúvida, lança pouca luz sobre a natureza da mente. Isso foi observado por Leibniz em seus *Ensaios filosóficos* e por Antoine Arnauld, um contemporâneo de Descartes. Um exemplo ajuda a ilustrar esse ponto.

Imaginemos que não estou ciente de que Dr. Jekyll é Mr. Hyde. Posso imaginar um cenário em que Dr. Jekyll apreende Mr. Hyde e o deixa sob custódia da polícia, indo para casa para um jantar quente enquanto Mr. Hyde definha em sua cela amaldiçoando Dr. Jekyll. Mas essa imaginação não me informa do que é efetivamente possível. Em vez disso, revela uma limitação em meu conhecimento que não pode ser apreciada de minha perspectiva atual. Geralmente é correto afirmar que, se duas coisas têm propriedades diferentes, então essas duas coisas são distintas. Mas isso não se sustenta quando incluímos aí termos psicológicos, porque minhas crenças podem não descrever o mundo como realmente é. Eu acredito que Dr. Jekyll tem a propriedade de ser gentil, e acredito que Mr. Hyde carece dessa propriedade (sendo um psicopata assassino); e, com base nessas crenças, infiro que, porque Dr. Jekyll tem uma propriedade que Mr. Hyde não tem, eles devem ser pessoas diferentes. Essa crença, porém, não exclui a possibilidade de que eles sejam idênticos. Portanto, onde verbos psicológicos como acreditar, imaginar, pensar etc. estejam envolvidos, a lei de Leibniz pode nos levar ao equívoco.

Talvez seja fato que eu possa duvidar da existência do meu corpo e não possa duvidar da existência da minha mente, mas, como o exemplo de Jekyll e Hyde demonstra, tais dúvidas não são o bastante para demonstrar que os dois são distintos.

Um desafio ao dualismo cartesiano

Vimos que o argumento da dúvida não corrobora o dualismo cartesiano. No entanto, a falha de um argumento não necessariamente solapa uma teoria, e o dualismo cartesiano ainda pode ser verdadeiro mesmo que o argumento da dúvida não se sustente. Examinemos, agora, um argumento que desafia especificamente o *dualismo* no dualismo cartesiano. Este é o argumento da causalidade, proposto inicialmente por uma das alunas mais inteligentes de Descartes, a princesa Isabel da Boêmia (1618-1680).

Em 1643, a princesa escreveu a Descartes pedindo para ele explicar como a mente é capaz de interagir com o corpo se eles são feitos de substâncias fundamentalmente distintas. Em outras palavras, a princesa estava desafiando o dualismo cartesiano com base no primeiro requisito na segunda seção (p. 65-66): como o dualismo cartesiano pode explicar a causalidade mental, da mente para o corpo e do corpo para a mente? Substâncias de tipos diferentes não parecem capazes de interagir em uma relação causal: não está claro como uma substância que não está situada no espaço pode interagir com uma que está. Nosso conhecimento do mundo físico sugere que as únicas interações possíveis são aquelas entre corpos físicos. Espera-se que o dualismo cartesiano forneça uma explicação de como o imaterial pode interagir com o material ou então negue que essa interação ocorra. Conforme observamos, negar a interação físico-mental leva a uma visão da mente que é tão alheia que nos dá o direito de dizer que não é exatamente uma definição da mente. A causalidade é um de nossos principais requisitos em nossa resposta à *pergunta*, e, portanto, cai sobre o dualista cartesiano o ônus de dar uma explicação de como duas substâncias diferentes podem interagir. No entanto, ainda está para surgir uma explicação plausível.

A teoria da identidade

O ponto de atrito para o dualismo cartesiano é que ele postula dois tipos de substâncias: materiais e imateriais. O que acontece se descartamos o dualismo e simplesmente afirmamos que há apenas um tipo de substância no mundo, a substância material? (É claro, poderíamos escolher dizer que o único tipo de substância no mundo é imaterial, como foi defendido por George Berkeley (1685-1753).) A substância material ocupa uma certa quantidade de espaço, e tudo que existe pode ser explicado em termos de relações entre diferentes tipos de substância material. Uma articulação contemporânea dessa visão é o **fisicalismo**, a noção de que tudo que existe pode ser explicado pela física. A mente não é nenhuma exceção: para explicá-la, não precisamos recorrer a substâncias estranhas cujo comportamento não pode ser acomodado pela física. Embora a física moderna postule entidades sem massa que poderiam ser entendidas como imateriais em um sentido cartesiano, uma exploração de como os filósofos devem entender "físico" à luz da física moderna está além do escopo deste capítulo. Nesta seção, examinaremos uma visão fisicalista conhecida como **teoria da identidade**.

A teoria da identidade é a visão de que nossos estados mentais são idênticos a estados físicos. O exemplo mais adorado pelos filósofos é que o estado mental da dor é idêntico à atividade das fibras de carbono. (Claramente, a base neurológica da dor é mais complexa do que a atividade de um conjunto específico de fibras neurais, mas essa simplificação serve a nosso propósito.) Uma grande vantagem dessa visão é que ela é capaz de abordar o requisito de causalidade estipulado anteriormente. A teoria da identidade aceita de bom grado que tudo que existe é material e, portanto, a integração entre a mente e o corpo é possível. Quando tenho desejo de bolo (em conjunto com outros estados mentais), a mistura de substâncias químicas às quais esse estado é idêntico transfere energia pelo meu sistema nervoso até o meu braço, fazendo-o alcançar o bolo. Não precisamos postular nada além do reino das ciências físicas para explicar como nossos pensamentos podem causar nossas ações. Há várias maneiras diferentes de entender a relação de identidade entre estados mentais e estados físicos que não abordaremos aqui, mas que podem ser exploradas em mais detalhes em alguns dos livros mencionados nas seções de leitura complementar.

Funcionalismo

Hilary Putnam, em seu artigo "The Nature of Mental States" [A natureza dos estados mentais], de 1967, fez uma importante objeção à teoria da identidade. Imagine que encontramos o coquetel de substâncias químicas que temos certeza de que são idênticas ao estado mental de sentir dor. Putnam afirma que tudo que fizemos foi descobrir a relação de identidade entre a dor e sua realização física *em humanos*. Suponhamos que o cérebro do polvo é feito de substâncias químicas totalmente diferentes das do cérebro humano, mas que temos boas razões para acreditar que esses animais sentem dor – por exemplo, eles se retraem quando expostos a um estímulo quente, apresentam comportamento de evitação quando diante desses estímulos, vemos um pico em sua atividade cerebral quando eles tocam coisas quentes. Queremos negar que eles sentem dor porque seu cérebro é composto de substâncias diferentes das do nosso? É claro que não, diz Putnam.

Realizabilidade múltipla

O ponto fundamental para Putnam é que os estados mentais são **multiplamente realizáveis**. Uma porção de coisas são multiplamente realizáveis. As cadeiras são um bom exemplo. Se quero uma nova cadeira para meu escritório, posso abrir meu navegador de internet e digitar "cadeira" na ferramenta de busca. O resultado mostrará milhares de tipos de cadeiras diferentes: cadeiras de madeira, cadeiras de plástico, cadeiras de balanço, cadeiras em tecido de bolinhas, cadeiras com quatro pés diferentes e cadeiras esculpidas a partir de cubos gigantes. O que nos permite dizer que todas essas coisas são exemplos de cadeiras é que elas têm uma mesma função: servem para sentar. Um objeto que não tivesse essa função, por exemplo, uma tábua de madeira, não poderia ser chamado de cadeira, mesmo se consistisse de um material do qual as cadeiras às vezes são feitas. As cadeiras são, portanto, multiplamente realizáveis: há muitos tipos de materiais diferentes que podem "realizar" uma cadeira.

A afirmação de que os estados mentais são multiplamente realizáveis significa apenas que todo estado mental – por exemplo, o estado mental de querer uma lhama como animal de estimação – pode ser tipificado em uma variedade de sistemas físicos. Um sistema feito de H_2O e outras substâncias químicas (como nós) poderia querer uma lhama como animal de estimação; por outro lado, um alienígena com uma composição fisiológica muito diferente também poderia querer uma lhama. Não queremos dizer que os alienígenas não podem ter estados mentais simplesmente porque seu cérebro é composto de substâncias diferentes do nosso. Poderia haver outras razões para dizermos que eles não têm uma mente – por exemplo, seu comportamento não corresponde ao que esperaríamos de um ser dotado de mente –, mas seria pouco razoável decretar que eles não podem ter uma mente simplesmente porque não têm as mesmas características biológicas que nós.

As ideias de Putnam tiveram um impacto significativo na **filosofia da mente** contemporânea. Ele estava dizendo que em vez de pensar nos fenômenos mentais em termos de do que estes são feitos fisicamente (porque isso leva a todo tipo de problema quando se trata de não humanos), deveríamos pensar em termos de o que eles *fazem*. Isso levou à definição **funcionalista** dos estados mentais. Os funcionalistas afirmam que tentar oferecer uma definição de estados mentais em termos de do que são feitos é como tentar explicar o que é uma cadeira em termos de do que é feita. O que torna alguma coisa uma cadeira é se essa coisa pode *funcionar* como cadeira: pode servir para você se sentar nela? Tem apoio para suas costas? Permite que você fique na posição sentada em uma altura mais elevada em relação ao solo? As cadeiras podem ser feitas de uma porção de coisas diferentes, e ter aparência completamente diferente, mas o que as torna identificáveis como cadeiras é a função que exercem.

A importante afirmação de Putnam foi que devemos identificar estados mentais não com base naquilo de que são feitos, e sim com base no que fazem. E a função dos estados mentais é serem causados por estímulos sensoriais e estados mentais anteriores, e causar comportamentos e novos estados mentais. A crença de que os tigres são perigosos é distinta do desejo de abraçar um tigre em virtude do que essa crença faz (figura 3.1). O desejo de abraçar um tigre me faria correr em direção ao tigre de braços abertos, e isso poderia ser causado pela crença de que os tigres são criaturas inofensivas que gostam de humanos; ao passo que a crença de que os tigres são perigosos é causada por meu conhecimento prévio de que os tigres ocasionalmente comem pessoas e que criaturas com dentes grandes são perigosas, e serve para causar o comportamento de fugir, bem como novos estados mentais, como um desagrado pela pessoa que deixou o tigre entrar no ambiente. Para tornar mais claro o contraste com a teoria da identidade: de acordo com a teoria da identidade, o que torna a *crença de que os tigres são perigosos* distinta do *desejo de abraçar um tigre* são os diferentes coquetéis químicos de que esses estados são feitos. Mas os funcionalistas afirmam que isso é equivocado: o que torna cada um desses estados distintos são seus diferentes papéis funcionais. Eles também podem ser feitos de substâncias químicas diferentes, mas isso é incidental. A diferença interessante reside no que os causa e no que eles fazem.

```
┌─────────────────────────┐                          ┌─────────────────────────┐
│     Estados mentais     │                          │  Outros estados mentais │
│ Crença de que criaturas │ ↘        ┌─────────┐  ↗  │      Desejo de fugir    │
│ com dentes grandes são  │          │Crença de│     │                         │
│         perigosas       │          │que tigres│    └─────────────────────────┘
└─────────────────────────┘          │são      │
                                     │perigosos│     ┌─────────────────────────┐
┌─────────────────────────┐          └─────────┘     │     Comportamento       │
│    Estímulo sensorial   │ ↗                     ↘  │         Fugir           │
│  Ver um tigre comer     │                          │   Encontrar uma arma    │
│         alguém          │                          │      tranquilizante     │
└─────────────────────────┘                          └─────────────────────────┘
```

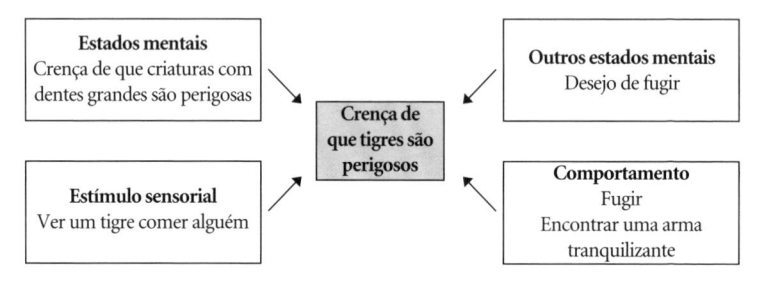

Figura 3.1 – Causalidade mental ao ver um tigre.

Pausa para refletir

Não percamos de vista *a pergunta*. Estamos interessados em saber o que é uma mente. Até o momento, reconhecemos que uma mente provavelmente não é algo imaterial. Provavelmente é feita do mesmo tipo de substância que todas as outras coisas do mundo e, como tal, pode ser explicada recorrendo-se às mesmas leis físicas que governam todas as outras coisas do mundo. Consequentemente, descartamos o dualismo em favor de visões que não postulam alguma coisa extra, imaterial. A primeira das visões fisicalistas que examinamos foi a teoria da identidade. A teoria da identidade parecia promissora: embora haja nuanças quanto a como explicar a ideia de identidade, a ideia geral de que os estados mentais são idênticos aos estados cerebrais é atraente. Afinal, estamos sempre ouvindo falar de descobertas feitas usando imagens cerebrais obtidas por ressonância magnética, e como compreendê-las sem a teoria da identidade? Além disso, a teoria da identidade parece atender a um de nossos principais requisitos para uma definição da mente, porque é capaz de explicar de que modo os estados mentais podem provocar mudanças corporais. Tudo parece ir bem.

Mas como, exatamente, a teoria da identidade ajuda a responder *a pergunta*? O que significa ter uma mente, segundo essa visão? Ao que parece, a teoria da identidade tem a dizer que ter uma mente é estar em alguma espécie de estado físico – por exemplo, ter determinados neurônios ativos – e que isso é idêntico a estar em determinado estado mental. Portanto, ter uma mente é mera questão de ter neurônios sendo ativados da maneira correta. Mas isso não parece acertado, porque não queremos privar as criaturas cuja composição física é muito diferente da nossa da possibilidade de ter uma mente. Uma maneira de contornar esse problema é ser mais específico: nos humanos, ter uma mente requer ter neurônios que estão ativos de determinada maneira; nos polvos, é ter neurônios que são ativados de uma maneira diferente; e nos alienígenas do planeta Zoog, é ter gosma alienígena que se esparrama de uma maneira específica. Cada organismo tem seus próprios requisitos biológicos para ter uma mente.

Foi nesse ponto que passamos à nossa segunda definição, o funcionalismo. O funcionalismo afirma que identificamos mentes por aquilo que elas fazem. (Em consequência, o funcionalista é agnóstico no que concerne a se as mentes são feitas de substância material ou imaterial, embora devamos notar que a maioria das ideias funcionalistas são fisicalistas.) Os estados mentais são estados internos que mudam de acordo com os estímulos recebidos por nossos sentidos e outros estados internos em que por acaso nos encontramos. Se estou no estado de fome (que foi causado por sinais sensoriais do meu estômago) e percebo um bolo, passarei a um estado interno de felicidade e me dedicarei ao comportamento de pegar e comer o bolo. Claramente, esta é uma simplificação da função de cada estado mental: haverá milhões de combinações diferentes que poderiam ocorrer dependendo do estímulo sensorial, bem como um número indefinido de novos estados mentais que poderiam surgir da combinação de dois ou mais estados atuais. Eu poderia querer uma lhama, poderia acreditar que manter uma lhama no meu apartamento deixará a proprietária furiosa, e quero evitar contrariar a proprietária. Juntos, esses estados mentais funcionam para me levar a pensar que talvez eu possa ceder e adotar uma lhama na região, ou então persuadir meus amigos que têm uma casa a comprar uma lhama. Isso nos leva à segunda parte do capítulo. Como mencionei na introdução, os filósofos e psicólogos frequentemente falam sobre a mente como se fosse um computador. Agora que discutimos o funcionalismo, podemos começar a examinar a razão para isso. Os computadores são máquinas de processar informações: eles recebem informações de um tipo, por exemplo, um pulso elétrico causado pelo acionar de uma tecla, e o transformam em outro tipo, por exemplo, um número exibido em uma tela. Além do mais, o que torna um computador um computador não é o material de que é feito, e sim o fato de que pode processar informações. Em uma visão funcionalista, nossa mente também é uma máquina de processar informações: ela pega as informações fornecidas por nossos sentidos e outros estados mentais que temos, as processa e produz novos comportamentos e estados mentais. Nós individualizamos estados mentais por meio de processos que requerem certas condições iniciais (sensações e estados mentais específicos) e resultam em condições finais na forma de novos comportamentos e estados mentais. A similaridade continua: o que nos permite identificar algo como um computador ou uma mente é o que essa coisa faz, e não aquilo de que é feita.

Os computadores têm graus variados de complexidade. Há um computador em minha lavadora de roupas que controla os vários ciclos. Também há computadores que podem gerar modelos probabilísticos complexos, que usamos para prever todo tipo de fenômeno: ciclos climáticos, degradação biológica, formação de ondas etc. Se aceitarmos que as mentes são computadores, quão complexo um sistema de processamento de informações precisa ser para que seja considerado uma mente? Esta é uma pergunta que abordaremos na próxima seção.

O jogo da imitação

Em seu célebre artigo "Computing Machinery and Intelligence" [Máquina computacional e inteligência] (1950), Alan Turing (1912-1954) propôs o "jogo da imitação", um experimento que poderia ajudar os filósofos e outros a abordarem a questão sobre se as máquinas podem pensar. Turing nos pede para imaginar três pessoas – um entrevistador, um entrevistado e uma entrevistada –, às quais se solicita que joguem um "jogo da imitação". O entrevistador está em outra sala e pode se comunicar com os entrevistados via uma configuração ao estilo de mensagens instantâneas: o entrevistador digita perguntas que aparecem em telas diante do entrevistado e da entrevistada, que, por sua vez, podem digitar as respostas. A tarefa atribuída ao entrevistador é determinar qual dos entrevistados, identificados apenas como X e Y, é o homem e qual é a mulher. A tarefa do homem é levar o entrevistador a acreditar que ele é a mulher, e a tarefa da mulher é ajudar o entrevistador a fazer a identificação correta.

A etapa seguinte do jogo é muito similar, exceto que um dos entrevistados é substituído por um computador, e a tarefa do entrevistador é determinar qual dos entrevistados é humano e qual é o computador. A tarefa do computador é levar o entrevistador a acreditar que ele é o humano, e a tarefa do humano é ajudar o entrevistador. O que aconteceria, perguntou Turing, se o computador pudesse enganar o entrevistador com tanta frequência quanto outro humano quando o jogo é jogado com um homem e uma mulher? Uma resposta possível a essa pergunta – a resposta para a qual Turing parecia atraído – é que se um computador pode sistematicamente levar o entrevistador a acreditar que ele é humano, então o computador atingiu o nível de complexidade funcional requerido para ter uma mente. Como devemos avaliar essa resposta? Talvez fosse possível que uma máquina com um banco de dados extremamente grande e uma ferramenta de busca eficaz passasse no teste (essa possibilidade foi levantada por Jaegwon Kim (2006)). Portanto, quando indagada quanto é 84-13, a máquina corre para seu conjunto de arquivos intitulados "resultados possíveis de subtrações", seleciona o arquivo chamado "84-13" (talvez esteja arquivado entre os arquivos "84-14" e "84-12") e exibe o que encontrar nesse arquivo. E faz o mesmo para perguntas como "você prefere seus martínis batidos ou mexidos?" ou "o que você acha dos filmes do Tarantino?". Uma máquina que simplesmente tivesse todas essas respostas armazenadas e uma ferramenta de busca precisa e eficaz não parece se qualificar como uma "máquina pensante", porque não tem a estrutura interna que esperamos de um ser dotado de uma mente. Esse exemplo contrário pretende demonstrar que a estrutura interna de uma máquina de processamento importa quando se trata de determinar se ela é dotada de uma mente e que, portanto, uma máquina que passe no teste não deve ser imediatamente classificada como tal. Deixa aberta a questão de que tipo de estrutura interna devemos esperar encontrar em algo dotado de uma mente.

 É importante observar que o objetivo de Turing ao apresentar o jogo era responder a uma pergunta mais focada do que a genérica "as máquinas podem pensar?". Essa pergunta parece demasiado vaga para embasar um programa de pesquisa, ao passo que "uma máquina pode nos levar a acreditar que ela é humana?" é mais manejável. O jogo da imitação pretendia conduzir nossos pensamentos na direção correta para responder perguntas mais amplas relacionadas ao pensamento das máquinas, ou ao pensamento de modo mais geral. Serve como um sinalizador útil em nossa busca por responder à *pergunta*, mas passar no teste não significa ter uma mente, porque não leva em consideração a organização interna da máquina.

O quarto chinês de Searle

A ideia de que a mente é uma máquina de computação é poderosa. No entanto, há problemas com essa visão, e eu gostaria de apontar alguns deles usando o experimento de John Searle, o quarto chinês (1980). Searle nos pede para imaginar a seguinte situação. Você está trancado em um quarto cujas paredes estão cobertas de livros contendo símbolos chineses. Em nome do experimento, devemos presumir que você não entende nada de chinês. De fato, você é tão ignorante de chinês que nem sequer sabe que os padrões no livro são símbolos linguísticos. Há uma fenda na porta por meio da qual são entregues folhas de papel contendo padrões. Você tem um livro de códigos que contém um conjunto de regras (escritas no seu idioma) que lhe dizem o que fazer quando determinados padrões são enviados pela fenda; geralmente, isso significa ir até um dos livros na biblioteca, abri-lo em determinada página, copiar o padrão que encontrar nessa página na folha de papel que recebeu e enviá-la de volta pela fenda. O livro de códigos abrange todas as combinações de padrão que você possa receber.

Agora, suponhamos que do lado de fora do quarto há uma falante nativa de chinês. Sem que você saiba, ela está lhe enviando perguntas em chinês através da fenda e você está dando respostas coerentes a essas perguntas. Embora ela acredite que está conversando com alguém que entende chinês, você na verdade não entende absolutamente nada de chinês, e nem sequer sabe que está participando de um ato comunicativo!

Claramente, essa situação é um tanto mirabolante, e Searle não pretendia nos persuadir de que fosse plausível. Seu objetivo era usar esse experimento mental para questionar nossas intuições sobre ter uma mente, apontando para uma questão fundamental na visão de que a mente é uma máquina de computação. Os computadores trabalham processando símbolos. Os símbolos têm propriedades **sintáticas** e **semânticas** (figura 3.2). Suas propriedades sintáticas são suas propriedades *geométricas*, por exemplo, forma. "Sintaxe" também se refere ao conjunto de regras pelas quais esses símbolos podem ser manipulados de acordo com sua forma. Sua propriedade semântica é o que eles significam, ou o que representam.

Computadores, calculadoras e outras máquinas que manipulam símbolos só são sensíveis às propriedades sintáticas dos símbolos. Nós programamos máquinas com regras que operam na estrutura sintática dos símbolos que recebem. Por exemplo, podemos programar um computador com uma regra de maneira tal que, se ele recebe a informação de um círculo seguido da informação de um triângulo, deve produzir a informação de um triângulo dentro de um círculo. O computador pode realizar essa operação simplesmente "olhando" para a estrutura física das formas.

Searle observou que o computador não "sabe" que está manipulando símbolos que têm conteúdo semântico, da mesma forma que a pessoa dentro do quarto chinês não sabe que está manipulando caracteres chineses. Podemos dar uma descrição exaustiva de um sistema computacional descrevendo de que modo a disposição de símbolos muda, de uma maneira governada por regras, de acordo com sua forma. Isso leva a uma questão fundamental com a afirmação de que a mente é uma máquina de computação: que parte da máquina entende os símbolos que está manipulando? Com um computador, não importa que o processamento da máquina não tenha nada a ver com o conteúdo semântico dos símbolos, porque são os humanos que usam a máquina que têm essa informação: somos nós que damos significado a esses símbolos. Searle conclui que uma teoria computacional da mente não consegue explicar como nossos estados mentais têm significado ou "intencionalidade", o que faz que não atenda ao segundo requisito de uma definição do que significa ter uma mente. As mentes têm uma característica que os computadores não têm: os computadores não têm "intencionalidade", eles não têm uma compreensão do que significam os símbolos que manipulam. Se as mentes têm uma característica que os computadores não têm, a afirmação de que nossa mente é uma máquina de computação não se sustenta.

Figura 3.2 – As propriedades dos símbolos. Essa placa é comumente usada para dizer "Proibida a entrada". Tem as propriedades *sintáticas* de ser um círculo vermelho com um retângulo branco no meio. Sua propriedade *semântica* é que representa a instrução "não entre".

A segunda consideração de Searle, que ele discute em seu livro de 1998, *O mistério da consciência*, diz respeito à natureza representacional dos símbolos. Símbolos são um tipo de representação porque significam alguma coisa. Outra forma de representação inclui retratos ou estátuas. Mas o que torna algo uma representação? O que torna algo uma representação é se funciona de determinada maneira. Como estados mentais ou cadeiras, nós identificamos coisas representacionais não por aquilo de que são feitas, e sim por aquilo que fazem. É importante ter em conta, para nossos propósitos, que "representar" é um verbo triarticulado: x representa y para z. Quando estou no bar, posso usar porta-copos e canecas de cerveja para representar minha posição no campo de futebol para meus amigos, dizendo: "Esta caneca sou eu, este porta-copos é o goleiro e aquele pacote de batata chips é o gol". A *caneca* representa *minha posição no campo de futebol* para *mim e meus amigos*. Para que alguma coisa seja uma representação, deve haver alguém que a tome como uma representação. A caneca de cerveja sobre a mesa não é uma representação até que eu a trate como uma. A computação envolve fundamentalmente a manipulação de símbolos; portanto, para que qualquer processo seja considerado computacional deve haver alguém que trate esses símbolos como *símbolos* e, ao fazer isso, seja capaz de entender o processo como computacional. Para que um processo seja considerado computacional, deve haver alguém que o interprete como tal. No caso do computador, nós decidimos o que cada símbolo deve representar e, consequentemente, podemos reconhecer as mudanças no estado físico de um computador como um processo computacional porque o reconhecemos como manipulando símbolos. No caso da mente, somos deixados com um enigma: a ativação do neurônio 345 representa um cachorro *para quem*? Quem é que confere status representacional para os estados físicos da mente e, ao fazer isso, é capaz de ver as mudanças entre esses estados físicos como um processo computacional? Para que algo seja um processo computacional, deve haver alguém que o trate como tal. Mas, no caso dos nossos pensamentos, não está claro quem é esse alguém.

 Entender a mente como um computador nos permite atender a nosso requisito de causalidade para uma definição da mente, mas não consegue atender a nosso requisito de intencionalidade. Sendo assim, devemos parar de descrever a mente como um computador? O experimento do quarto chinês de Searle destrói a definição computacional da mente da mesma forma que o desafio de causalidade da princesa Isabel destruiu o dualismo cartesiano? Há consideravelmente mais filósofos tentando defender a visão computacional da mente do que os que tentam defender o dualismo cartesiano; eles acreditam que a resposta a essa pergunta é "não". No entanto, o experimento de Searle serve como um alerta saudável para aqueles que aceitam demasiado prontamente a afirmação de que a mente é um computador, desafiando-os a pensar de que modo, exatamente, o paralelo deve ser traçado.

A mente estendida

Nós examinamos de que modo o funcionalismo influenciou uma escola de pensamento que defende que as mentes são computadores. Para encerrar este capítulo, abordaremos outra área de pesquisa contemporânea que tem suas raízes no funcionalismo, chamada **hipótese da mente estendida**.

"The Extended Mind" [A mente estendida] é o título de um artigo de 1998 de Andy Clark e David Chalmers, que explora as consequências do aspecto de realizabilidade múltipla do funcionalismo. Um breve lembrete: uma vez que o funcionalismo defende que devemos identificar estados mentais por aquilo que fazem, e não por aquilo de que o indivíduo dotado de mente é feito, o funcionalismo aceita que indivíduos feitos de tipos de material muito diferentes podem, ainda assim, ter uma mente. Clark e Chalmers dão um passo além e propõem que os estados mentais talvez nem sequer estejam situados em nossa cabeça, ilustrando essa afirmação com o seguinte experimento mental. Duas pessoas, Otto e Inga, querem ver uma exposição no Museu de Arte Moderna. Inga pensa brevemente sobre onde fica o museu, lembra-se de que fica na 53rd Street, caminha até essa rua e entra no museu. Otto tem uma forma de doença de Alzheimer e, para lidar com o efeito que esta tem sobre sua memória, anota as informações em um caderno que carrega para onde quer que vá. Quando aprende algo novo, ele registra em seu caderno e, quando precisa acessar informações antigas, o consulta. Quando

Otto quer ir à exposição, ele olha no caderno e vê que o museu fica na 53rd Street, e lá vai ele para o museu.

Clark e Chalmers afirmam que o caderno de Otto exerce o mesmo papel funcional para ele que a memória biológica de Inga para ela. Para entender isso, precisamos examinar brevemente uma distinção que os filósofos fazem entre crenças **ocorrentes** e **não ocorrentes**. Todos temos crenças das quais não estamos cientes. Eu acredito que Edimburgo é a capital da Escócia e é justo dizer que tenho essa crença mesmo que não esteja pensando sobre ela no momento. Se estou pensando sobre alguma outra coisa (por exemplo, concentrado em preparar um suflê de queijo) ou dormindo, não diríamos que eu deixei de acreditar que Edimburgo é a capital da Escócia simplesmente porque não estou ciente dessa crença nesse momento. Uma crença é ocorrente quando você está ciente dela, ou está pensando sobre ela; uma crença é não ocorrente quando você tem essa crença, mas não está ciente dela ou pensando sobre ela no momento. Outros estados mentais, como desejos e esperanças, também podem ser ocorrentes e não ocorrentes.

Isso importa porque Clark e Chalmers afirmam que, antes de ouvir sobre a exposição e formar o desejo de ir, tanto Otto quanto Inga têm a crença não ocorrente de que o museu fica na 53rd Street. Quando essa crença se torna ocorrente, funciona exatamente da mesma maneira em ambos: quando associada com o "desejo de ir ao museu", causa o comportamento "caminhar até a 53rd Street". Podemos explicar o comportamento de Inga e de Otto recorrendo à sua crença ocorrente sobre onde fica o museu, ao seu desejo ocorrente de ir ao museu e ao fato de que eles tinham essa crença antes de pensar sobre ela, isto é, tinham uma crença não ocorrente sobre a localização do museu. A única diferença é que quando a crença de Inga sobre o museu é não ocorrente está armazenada em sua memória biológica e quando a crença de Otto sobre o museu é não ocorrente está armazenada em seu caderno. No entanto, as crenças são funcionalmente idênticas: ambas causam o mesmo comportamento quando são ocorrentes e associadas com determinado desejo.

A crença de Otto é estendida porque é parcialmente constituída por um artefato além de sua cabeça, isto é, seu caderno. Se algo danificar o caderno de Otto, ele já não terá uma crença não ocorrente sobre a localização do museu e, portanto, será incapaz de formar uma crença ocorrente sobre sua localização. A crença não ocorrente de Otto sobre a localização do museu é realizada pela informação no caderno, associada com Otto e sua disposição para interagir com, e ser guiado por, essa informação de maneiras específicas. Em consequência, podemos dizer que a crença de Otto sobre a localização do museu é parcialmente constituída pelo caderno, e, portanto, parte do que constitui a crença de Otto está situada fora de sua cabeça.

Quando Putnam introduziu a ideia de estados mentais sendo multiplamente realizáveis, ele o fez porque pensava que não devemos limitar a mentalidade a criaturas com uma composição física específica. O projeto de Clark e Chalmers é muito similar. No entanto, sua afirmação é de que não devemos limitar a mentalidade unicamente aos processos que acontecem dentro da nossa cabeça. Esta é uma limitação arbitrária, tão arbitrária quanto dizer que apenas criaturas com a mesma composição biológica que os humanos podem ter pensamentos. Eles afirmam que um processo distribuído entre um organismo e algum artefato no mundo (como Otto e seu caderno) merece ser chamado processo cognitivo se, caso o processo esteja contido inteiramente na cabeça (como Inga acessando informações em sua memória biológica), não hesitarmos em chamá-lo de cognitivo.

A hipótese da mente estendida abalou completamente as preconcepções dos filósofos sobre o que significa ter uma mente. Em particular, iniciou um grande debate sobre onde estão os limites da mente. Se estados mentais como crenças podem se estender para além do corpo, até onde podem chegar? A hipótese também deu origem a um novo movimento conhecido como "cognição corporificada", a visão de que nosso corpo, assim como nossa mente, pode constituir parte do processo cognitivo. Se a hipótese da mente estendida for verdadeira, parece que a resposta à nossa pergunta sobre o que significa ter uma mente envolverá nosso corpo e o mundo de maneiras que estamos apenas começando a compreender.

Onde estamos agora?

A primeira parte deste capítulo examinou diferentes teorias da mente, concluindo com o funcionalismo. Na segunda parte, analisamos duas teorias importantes que se baseiam no funcionalismo: a teoria de que as mentes são computadores e a teoria de que as mentes se estendem para além de nossa cabeça. O funcionalismo certamente causou um impacto na filosofia da mente! Vale lembrar, talvez, que o funcionalismo, junto com a visão de que as mentes são computadores, apareceu na cena filosófica num momento em que o potencial das máquinas de computação dominava a imaginação científica e pública. As teorias são, muitas vezes, influenciadas pelas tecnologias dominantes de sua época, e poderíamos recear que isso tenha acontecido com a filosofia da mente na última parte do século XX. John Searle alerta contra a tentação de presumir que a mente é um computador observando que as mentes têm uma característica que os computadores não têm: "intencionalidade". Além do mais, como ele observa, um processo só pode ser considerado computacional em relação a um observador, e não está nem um pouco claro quem é o observador no caso da mente.

Finalmente, observamos a afirmação de que, se o funcionalismo é verdadeiro, então os estados mentais podem se estender para o mundo. Esta é uma consequência natural do aspecto de realizabilidade múltipla do funcionalismo: se um estado mental pode ser constituído de diferentes materiais, por que não podemos dizer também que alguns dos materiais que constituem um estado mental existem fora da cabeça? Se o caderno de Otto exerce a mesma função para ele que a memória biológica de Inga para ela, o caderno de Otto é um constituinte de seu estado mental de "acreditar que o museu fica na 53rd Street". Isso significa que nossos estados mentais não precisam estar todos contidos em nossa cabeça e que alguns deles podem se estender para o mundo. A mente estendida e suas consequências estão entre os temas mais debatidos na atual filosofia da mente, levando os filósofos a repensarem por completo o modo como devemos tratar de responder à pergunta sobre o que significa ter uma mente.

Resumo do capítulo

- Uma definição do que significa ter uma mente deve acomodar duas coisas: (a) como nossa mente pode causar mudanças em nosso corpo, e como as mudanças em nosso corpo podem causar mudanças em nossa mente; e (b) como nossos pensamentos podem ser sobre coisas.
- René Descartes pensava que a mente é distinta do corpo. Essa visão é o dualismo cartesiano.
- O principal argumento de Descartes para essa visão – o argumento da dúvida – não funciona.
- O dualismo cartesiano também não é capaz de explicar nosso primeiro critério para o que uma definição da mente deve fazer: não é capaz de explicar as relações causais que existem entre nossa mente e nosso corpo.
- O fisicalismo é a visão de que tudo que existe é físico e, desse modo, consegue resolver o problema da causalidade.
- A teoria da identidade é uma visão fisicalista que afirma que os estados mentais são idênticos aos estados físicos do cérebro.

- O funcionalismo é a visão de que algo é considerado uma mente se funcionar como tal, e afirma que não devemos nos preocupar com do que a mente é feita.
- O jogo da imitação de Turing aceita o funcionalismo, e testa a hipótese de que algo funciona como uma mente se puder levar outra pessoa a acreditar que é dotado de uma mente.
- Uma maneira de desenvolver o funcionalismo é afirmar que as mentes são computadores, porque, como os computadores, sua função é processar informações.
- O argumento do quarto chinês de Searle desafia a afirmação de que as mentes são computadores ao mostrar que (a) essa visão é incapaz de explicar de que modo os pensamentos podem ser sobre coisas e (b) que para que um processo seja computacional deve haver alguém que o interprete como tal. No caso da mente, não há tal pessoa.
- A hipótese da mente estendida se baseia no funcionalismo para mostrar que os estados mentais não precisam estar situados em nossa cabeça. Em vez disso, podem se estender para o mundo.

Questões para estudo

1. Você consegue pensar em outros argumentos a favor do dualismo cartesiano? À luz do desafio da princesa Isabel, é muito fácil perceber por que essa visão pode estar errada. É mais desafiador – e um bom exercício filosófico – tentar pensar em razões que a corroborem!
2. A teoria da identidade pode funcionar? Se os estados cerebrais não são idênticos aos estados mentais, como podemos entender as imagens cerebrais que pretendem mostrar a atividade cerebral por trás de um estado mental em particular?

3. Você concorda com o princípio funcionalista de que devemos identificar estados mentais com base naquilo que fazem, e não com base naquilo de que são feitos? Você consegue pensar em razões para discordar dessa afirmação?
4. Se um computador for capaz de passar no jogo da imitação de Turing, isso significa que ele tem uma mente?
5. Como devemos entender o conceito de "representação"?
6. Quais são as razões de Searle para negar que a mente é um computador?
7. Você consegue pensar em exemplos de processos mentais que se estendem para o mundo? Quando você considera que um processo deixa de ser cognitivo?

Leitura complementar introdutória

BLACKMORE, S. (2005) *Conversations on Consciousness*, Oxford: Oxford University Press. (A psicóloga Susan Blackmore entrevista filósofos – entre os quais John Searle –, neurocientistas e psicólogos sobre a consciência. Uma leitura fascinante, que mantém um tom informal mesmo sendo muito informativa.)
CRANE, T. (1995) *The Mechanical Mind*, Londres: Penguin. (Acessível e belamente escrito, este livro é uma introdução às questões discutidas neste capítulo e especialmente claro sobre o problema da "intencionalidade".)

Leitura complementar avançada

CLARK, A. (2008) *Supersizing the Mind*, Oxford: Oxford University Press. (Uma exploração detalhada da hipótese da mente estendida.)
CLARK, A.; CHALMERS, D. (1998) "The Extended Mind", *Analysis* 58: 7-19; também disponível pela *CogPrints* (ver a seguir). (A

primeira vez em que é apresentada a hipótese da mente estendida. Inclui o caso, hoje famoso, de Otto e Inga. Atualmente, é o artigo mais citado da publicação *Analysis*.)

DESCARTES, R. (1641/2004). *Meditações sobre filosofia primeira*. Trad. Fausto Castilho. Campinas: Unicamp. (Fonte original do dualismo cartesiano e obra filosófica inspiradora.)

HOFSTADTER, D.; DENNETT, D. D. (Orgs.) (1981) *The Mind's I: Fantasies and Reflections on Self and Soul*, Nova York: Basic Books. (Uma adorável coleção de leituras – incluindo "Computing Machinery and Intelligence", de Turing, e "What Is It Like to Be a Bat", de Nagel –, com comentários interessantes e provocadores dos organizadores.)

KIM, J. (2006) *The Philosophy of Mind*, Boulder, CO: Westview. (Há duas edições deste livro, ambas são excelentes. Este é o lugar onde encontrar mais sobre os diferentes tipos de teorias de identidade.)

SEARLE, J. (1980) "Minds, Brains and Programs", *Behavioral and Brain Sciences* 3: 417-424. (Este é o artigo que apresenta o experimento do quarto chinês.)

_____. (1998) *O mistério da consciência*. Trad. André Yuji Pinheiro Uema. São Paulo: Paz e Terra. (Aqui você pode encontrar a crítica de Searle à afirmação de que "mentes são computadores" e uma exploração filosófica da consciência.)

SMITH, P.; JONES, O. R. (1986) *The Philosophy of Mind*, Cambridge: Cambridge University Press. (Ainda estou para encontrar um exame mais rigoroso e acessível do dualismo cartesiano e seus problemas (capítulos 1-5).)

TURING, A. (1950) "Computing Machinery and Intelligence", *Mind* 59: 433-460. (Há muitas versões gratuitas do artigo disponíveis on-line, e ele aparece em uma porção de antologias sobre filosofia da mente (por exemplo, a de Hofstadter e Dennett, acima). Eu sugeriria omitir as seções 4 e 5 na primeira leitura.)

Referências on-line

CogPrints: Cognitive Sciences Eprint Archive [website], http://cogprints.org/view/subjects/phil-mind.html. (Uma coletânea gratuita de artigos sobre filosofia da mente, que inclui os de Turing (1950), Searle (1980) e Clark e Chalmers (1998), listados anteriormente.)
Some Texts from Early Modern Philosophy, org. Jonathan F. Bennett [website], www.earlymoderntexts.com. (Esta é uma ótima referência onde textos filosóficos foram anotados e reproduzidos usando-se linguagem contemporânea. As *Meditações* de Descartes podem ser encontradas aqui (em inglês).)
"Dan Dennett: The Illusion of Consciousness", *TED: Ideas Worth Spreading* [website], abril de 2007 (filmado em 2003), www.ted.com/talks/dan_dennett_on_our_consciousness.html. (O filósofo Daniel Dennett fala sobre a "ilusão" de consciência.)
"Mirror Neurons", *The Headspace* [blog], www.mixcloud.com/headspaceradio/mirror-neurons. (Meus interesses de pesquisa vão além dos problemas tradicionais na filosofia da mente, englobando também de que modo as evidências da neurociência e da psicologia devem embasar problemas filosóficos. Se você está interessado em saber mais sobre em que venho trabalhando recentemente, pode ouvir uma entrevista aqui.)

Filmes

Blade Runner [*Blade Runner, o caçador de androides*] (1982) Dir. Ridley Scott. (Observe o teste de Turing!)
Freaky Friday [*Se eu fosse a minha mãe*] (1976) Dir. Gary Nelson ou [*Sexta-feira muito louca*] (2003) dir. Mark Waters (Uma mãe e sua filha trocam de corpo e têm a experiência de como é viver a vida uma da outra. Eu não vou mentir: gosto mais da versão de 2003.)

Memento [*Amnésia*] (2000) Dir. Christopher Nolan (As tatuagens e anotações do herói funcionam como sua memória. São sua mente estendida?)

The Matrix [*Matrix*] (1999) Dir. Andy Wachowski e Lana Wachowski (Uma exploração cinematográfica do argumento da dúvida e temas correlatos.)

4. Moralidade: objetiva, relativa ou emotiva?

Matthew Chrisman

Introdução

Em nossa vida cotidiana, fazemos **juízos morais**, isto é, pensamentos que podemos expressar com afirmações como "O que você fez foi muito gentil", "Pol Pot é um homem cruel" ou "Temos a obrigação moral de ajudar os necessitados". Os filósofos que trabalham com **ética** também fazem juízos morais, mas com frequência de modo um pouco mais abstrato. Eles dizem coisas como "Uma ação só é correta se maximizar a felicidade geral" ou "Uma pessoa sempre deve agir por razões pelas quais poderia possibilitar consistentemente que todos os demais também agissem". Este capítulo é sobre o status desses juízos e a prática marcadamente humana da qual são parte. Isto é, trata do **status de moralidade**.

Não se trata de determinar se certos juízos morais, sejam cotidianos, sejam abstratos, são corretos, e sim de compreender o que estamos fazendo quando emitimos juízos morais. Nossos juízos morais são tentativas de representar assuntos objetivos? Ou são implicitamente relativos à nossa situação cultural particular? Nossas afirmações morais tentam descrever características do mundo à nossa volta? Ou expressam reações emotivas ao mundo, que entendemos como sendo livre de valores? Entretanto, para fins de concretude, usarei alguns exemplos de juízo moral, e propositadamente escolhi exemplos que são um pouco controversos. Isso não é porque quero endossar (ou negar) esses juízos morais apresentados aqui, e sim porque espero que seu caráter controverso ajude o leitor a ver a importância e a dificuldade de entender o status de moralidade.

Em primeiro lugar, exploraremos mais detalhadamente a questão do status de moralidade, a fim de tentar compreender o que se está perguntando e por que isso é fundamental para o estudo filosófico da ética. Então, conheceremos três abordagens elementares adotadas pelos filósofos: o **objetivismo**, o **relativismo** e o **emotivismo**. Em seguida, consideraremos brevemente algumas das vantagens e desvantagens de cada abordagem, com a esperança de ajudá-lo a começar a pensar que tipo de visão você preferiria e como argumentaria a favor de tal visão. Finalmente, procurarei conduzi-lo na direção de outras coisas para ler e pensar sobre o status de moralidade.

O status de moralidade: qual é o problema?

Para compreendermos o tema deste capítulo, será útil criar duas listas e refletir sobre elas. Primeiro queremos uma lista de **juízos empíricos** sobre o modo como as coisas são no mundo à nossa volta. Por exemplo, nos séculos XVI e XVII, Copérnico, Kepler e Galileu nos ajudaram a entender que a Terra gira em torno do Sol. No século XVIII, Benjamin Franklin descobriu que há cargas elétricas positivas e negativas. No século XIX, Mendel explicou como algumas características das plantas são transmitidas a suas descendentes de acordo com leis de hereditariedade, baseadas em genes dominantes e recessivos. E, no século XXI, cientistas do CERN (o Laboratório Europeu para a Física de Partículas), na Suíça, confirmaram que o bóson de Higgs (a chamada "partícula de Deus") existe. No entanto, quando digo que queremos uma lista de juízos empíricos sobre o modo como as coisas são no mundo à nossa volta não pretendo que nos restrinjamos a afirmações de grandes descobertas científicas. Exemplos mais mundanos também funcionam, como a afirmação de que o chumbo é mais pesado que o ferro, ou de que hoje (13 de maio de 2013) estava um dia ensolarado em Edimburgo, ou mesmo que eu (Matthew Chrisman) tenho menos de um metro e oitenta de altura. OK, isso é suficiente para nossa primeira lista.

Em seguida, queremos uma lista de juízos morais sobre o que é moralmente certo/errado, bom/ruim etc. Comecemos com algumas declarações positivas, como a de que fazer caridade é moralmente louvável, é bom cuidar dos filhos, e protestar de maneira não violenta por algo que você considera uma injustiça flagrante é moralmente justificável. Agora acrescentemos algumas declarações negativas, como a de que Caim ter matado Abel foi moralmente errado, ou a de que Édipo dormir com sua mãe Jocasta foi moralmente ruim. De maneira similar, alguém poderia dizer que as ações de Pol Pot e do Khmer Vermelho durante o Genocídio Cambojano foram moralmente abomináveis, ou que a prática de poligamia – ter várias esposas (ou esposos) – é moralmente duvidosa.

Aqui estão, um pouco abreviadas, em forma de lista:

Juízos empíricos
A Terra gira em torno do Sol.
A eletricidade tem carga positiva e negativa.
As características das plantas podem ser herdadas geneticamente.
A partícula bóson de Higgs existe.
O chumbo é mais pesado que o ferro.
Estava um dia ensolarado em Edimburgo em 13 de maio de 2013.
Matthew Chrisman tem menos de um metro e oitenta de altura.

Juízos morais
Fazer caridade é moralmente louvável.
É bom cuidar dos filhos.
Caim ter assassinado Abel foi moralmente errado.
Édipo ter dormido com Jocasta foi moralmente ruim.

Protestar contra a injustiça é moralmente justificável.
As ações de Pol Pot foram moralmente abomináveis.
A poligamia é moralmente duvidosa.

Algumas das afirmações nessas listas talvez sejam controversas, ou talvez tenham sido controversas em algum estágio anterior na história. Na verdade, não importa quais juízos empíricos e morais consideremos, e sim que consideremos exemplos que se enquadrem claramente em uma ou outra categoria. Eu o encorajo a pensar em seus próprios exemplos. Uma vez de posse de suas próprias listas de juízos empíricos e de juízos morais (ou se estiver usando minha lista), façamos, agora, três perguntas sobre os itens nessas duas listas:

> (A) Eles são o tipo de coisa que pode ser verdadeira ou falsa, ou são "mera" opinião?
> (B) Se podem ser verdadeiros ou falsos, o que os torna verdadeiros quando são verdadeiros?
> (C) Se são verdadeiros, são objetivamente verdadeiros?

Essas perguntas não são empíricas nem morais; são perguntas sobre o *status* dos juízos empíricos e morais.

A razão para considerar essas duas listas é que muitos filósofos tiveram a intuição de que a moralidade é significativamente diferente da descoberta e da observação empírica no que concerne a seu status. Por exemplo, é bem natural pensar que meus juízos expressados nas afirmações a seguir são o tipo de coisa que pode ser verdadeira ou falsa:

> (1) A Terra gira em torno do Sol.
> (2) Estava um dia ensolarado em Edimburgo em 13 de maio de 2013.

Com efeito, (1) e (2) são verdadeiros e parecem ser objetivamente verdadeiros. Por outro lado, alguns filósofos propuseram que os juízos morais como aqueles expressados nas afirmações a seguir não são o tipo de juízo que pode ser verdadeiro ou falso – não exatamente:

(3) A poligamia é moralmente duvidosa.
(4) Édipo ter dormido com Jocasta foi moralmente ruim.

Esses filósofos afirmam que (3) e (4) expressam "meras" opiniões. A ideia básica é que eles expressam nossas atitudes morais, e não crenças sobre o modo como o mundo é.

Outros filósofos discordam, mas também percebem uma diferença entre os juízos morais e os juízos empíricos; eles afirmam que os juízos morais não são objetivamente verdadeiros ou falsos, mas verdadeiros ou falsos apenas em relação a um sistema de morais ou com relação às atitudes morais de alguém.

Existe, ainda, outro grupo de filósofos que nega ambas as ideias e afirma que a verdade ou falsidade de juízos morais como (3) e (4) é tão objetiva quanto a verdade e falsidade de juízos empíricos como (1) e (2). Isto é, eles pensam que os juízos morais expressados em nossos exemplos de afirmações morais aspiram ao mesmo tipo de objetividade que os juízos empíricos expressados em nossos exemplos de afirmações empíricas.

Este debate – o debate sobre perguntas como (A) a (C), sobre juízos morais – é sobre o status de moralidade. É isso que exploraremos no restante deste capítulo. Explicarei três tipos de teorias filosóficas sobre o status de moralidade: o objetivismo, o relativismo e o emotivismo.

Objetivismo

Como propus anteriormente, uma visão que poderíamos adotar quanto ao status de moralidade é que este é tão objetivo quanto o status de ciência. Essa visão é às vezes chamada de objetivismo. A ideia básica do objetivismo é que nossas opiniões morais podem ser verdadeiras ou falsas, e o que as torna verdadeiras ou falsas são fatos que, em geral, independem de quem somos ou de a que grupos culturais pertencemos – são fatos morais objetivos. Para ter uma ideia do objetivismo, considere novamente um de seus exemplos de juízo empírico sobre o mundo à nossa volta. Meus principais exemplos foram as afirmações:

(1) A Terra gira em torno do Sol.
(2) Estava um dia ensolarado em Edimburgo em 13 de maio de 2013.

Façamos as perguntas (A) a (C) sobre os juízos expressados por (1) e (2).

Eu já falei que penso que são verdadeiros. Isto é, se alguém pensasse que a Terra não gira em torno do Sol, ou que não estava um dia ensolarado em Edimburgo em 13 de maio de 2013, tais juízos seriam falsos. É claro, nem todo mundo no decurso da história pensou que (1) é verdadeiro. Durante muito tempo, era praticamente inconcebível pensar que a Terra gira em torno do Sol, e não que o Sol gira em torno da Terra. E quando cientistas como Copérnico, Kepler e Galileu começaram a reunir evidências empíricas em favor de (1), seu trabalho foi imensamente controverso. Entretanto, esta parece ser uma controvérsia sobre um fato objetivo, e a controvérsia foi resolvida por meio de observações empíricas cada vez melhores e do aprimoramento de nossa teoria cosmológica. Além disso, nem todos concordam sobre o que deve ser considerado "ensolarado"; há casos fronteiriços. Mas, presumindo que houve um período óbvio de luz solar direta em Edimburgo naquele dia em particular, (2) não é uma declaração particularmente controversa. Então, a resposta à pergunta (A) em relação a (1) e (2) é que essas afirmações expressam juízos do tipo que pode ser verdadeiro ou falso; e nós pensamos que são verdadeiros.

Presumindo que sejam verdadeiros, o que torna esses juízos verdadeiros e sua negação falsa? Mais uma vez, a visão natural sobre tais assuntos empíricos é que existe algum fato sobre a trajetória relativa da Terra e do Sol, ou sobre o clima num dia específico e num lugar específico, e esses fatos tornam verdadeiro que a Terra gira em torno do Sol, ou que estava um dia ensolarado em Edimburgo em 13 de maio de 2013.

Além do mais, é importante lembrar que esses fatos parecem ser independentes de quem eu sou ou do grupo cultural ao qual pertenço. É claro, é um fato sobre mim que eu conheça esses fatos. E é um fato sobre minha cultura que (1) é amplamente aceito como parte de nossa teoria cosmológica e (2) seria aceito por qualquer pessoa que tenha testemunhado o clima em Edimburgo nesse dia específico. Mas isso não significa que essas afirmações não expressem fatos objetivos sobre a trajetória relativa da Terra e do Sol e sobre o clima em Edimburgo. Se eu fosse outra pessoa ou pertencesse a outra cultura, talvez não acreditasse que a Terra gira em torno do Sol, mas a Terra ainda giraria em torno do Sol independentemente da minha crença. Se eu não tivesse o conceito de um dia ensolarado, talvez não acreditasse que estava um dia ensolarado em Edimburgo em 13 de maio de 2013, mas ainda assim teria estado ensolarado nesse lugar específico e nesse dia específico.

Devemos reconhecer que as questões ficam muito mais complicadas quando consideramos o status de grandes teorias científicas mais elaboradas, como a física newtoniana ou a teoria evolutiva darwinista. Mas se focarmos apenas em juízos empíricos específicos, como os listados acima, uma visão natural é a de que esses juízos são objetivamente verdadeiros ou falsos.

A razão pela qual venho falando da visão natural sobre a ciência é para que tenhamos um modelo para compreender a visão objetivista sobre moralidade e possamos entender as outras visões como rejeições da resposta objetivista às perguntas específicas (A) a (C). O objetivista moral pensa que nossos juízos morais, como aqueles que listamos antes, são objetivamente verdadeiros ou falsos. Com base em meus exemplos, são casos como os seguintes que nos levam a dizer "sim, estas afirmações são objetivamente verdadeiras":

(5) As ações de Pol Pot foram moralmente abomináveis.
(6) É bom cuidar dos filhos.

Se alguém discordar de (5) e disser, por exemplo, que o assassinato massivo de pessoas durante o governo do Khmer Vermelho de Camboja não foi moralmente abominável, somos inclinados a pensar que essa pessoa simplesmente está errada. Talvez exista uma explicação psicológica ou sociológica de como ela passou a ter essa opinião maluca, mas eu não acho que possa haver debate razoável sobre a questão de um genocídio ser moralmente abominável. Ou, se alguém discordar de (6) e disser, por exemplo, que cuidar dos filhos não é algo bom a se fazer – afinal, o que eles fizeram por você? –, somos inclinados a pensar que ele entendeu tudo errado no que se refere a ser uma boa pessoa. Mais uma vez, pode haver alguma explicação de como essa pessoa veio a ter essa opinião estranha, mas é difícil imaginar um debate razoável sobre o assunto.

Talvez isso esteja incorreto, é claro. São exemplos como os seguintes que exercem pressão sobre o objetivismo:

(3) A poligamia é moralmente duvidosa.
(4) Édipo ter dormido com Jocasta foi moralmente ruim.

Muitas pessoas aparentemente razoáveis discordam, por exemplo, da moralidade de um homem ter muitas esposas (ou vice-versa). Alguns dizem que está bem em certos contextos; e obviamente é uma prática em que algumas pessoas se envolvem. O que você acha, a poligamia é moralmente duvidosa? Além disso, alguns de vocês talvez achem que o que Édipo fez não foi moralmente ruim, independente das consequências, porque ele não sabia que Jocasta era sua mãe. O que você acha, o incesto é sempre errado, mesmo que os envolvidos ignorem que estão praticando incesto? De acordo com o objetivismo, há um fato objetivo, e quando duas pessoas discordam a seu respeito uma delas está correta e a outra está errada. E isso é decidido pelos fatos objetivos, ou pelo menos é o que diz o objetivista.

Antes de discutirmos o objetivismo em mais detalhes, vejamos duas outras teorias filosóficas sobre o status de moralidade. A segunda teoria que quero discutir é o relativismo moral.

Relativismo

Há muitas formas de relativismo, mas a ideia básica é que nossos juízos morais – expressados em afirmações como (3) a (6) – podem ser verdadeiros ou falsos. Portanto, o relativista concorda com o objetivista quanto à resposta à pergunta (A). Mas, ao contrário do objetivista, o relativista argumenta que os juízos morais são verdadeiros ou falsos apenas em relação a algo que pode variar entre as pessoas. Nesse sentido, meu juízo de que a poligamia é moralmente duvidosa pode ser verdadeiro para mim, mas falso para outra pessoa.

Como isso é possível? Bem, depende da resposta do relativista à pergunta (B). Uma forma extrema de relativismo é o **subjetivismo**. Esta é a visão de que nossas opiniões morais são relativizadas a cada uma de nossas próprias atitudes subjetivas. Por exemplo, o subjetivista diz que minha afirmação de que "a poligamia é moralmente duvidosa" só é verdadeira no caso de eu desaprovar moralmente a poligamia, mas a afirmação de outra pessoa de que "a poligamia não é moralmente duvidosa" só é verdadeira no caso de ela não desaprovar moralmente a poligamia. Veja uma analogia rudimentar: é como quando eu digo "quiabo é uma delícia" e você diz "quiabo é ruim" – podemos achar que minha declaração é verdadeira para mim, mesmo quando sua declaração é verdadeira para você. Ambas as afirmações podem ser vistas como verdadeiras com base em fatos subjetivos sobre os indivíduos que as declaram.

Se nossos juízos morais são assim, isso explicaria por que nossas opiniões morais podem parecer muito pessoais e por que estão intimamente associadas com a motivação para a ação. No entanto, essa forma extrema de relativismo encontra grande dificuldade de explicar a possibilidade de uma divergência moral genuína. Diferentemente do exemplo sobre quiabo, quando se trata de poligamia, aqueles que discordam geralmente não estão preparados para atribuir sua discordância a uma mera diferença de opinião. Isso motiva alguns filósofos a endossarem uma forma menos extrema de relativismo. Eles afirmam que a verdade das opiniões morais é relativa à cultura. Essa visão é às vezes chamada de **relativismo cultural**.

Para entender a ideia básica, considere outra analogia rudimentar. Quando alguém na Grã-Bretanha diz "Deve-se sempre dirigir à esquerda" e alguém nos Estados Unidos diz "Nunca se deve dirigir à esquerda", é estranho perguntar: quem está certo? Ambos estão certos, pois é plausível considerar que são interpretados como fazendo afirmações totalmente consistentes, que simplesmente são relativizadas a diferentes regras de direção. Isto é, a afirmação feita na Grã-Bretanha é verdadeira com relação às regras de direção na Grã-Bretanha, ao passo que a afirmação feita nos Estados Unidos é verdadeira com relação às regras de direção nos Estados Unidos. Uma vez que estas são jurisdições independentes, não há uma disputa real. É claro, se as jurisdições coincidissem, poderia haver mais do que uma disputa – poderia haver acidentes de trânsito!

A visão relativista cultural sobre o status de moralidade é similar. O relativista diz que meu juízo de que a poligamia é moralmente duvidosa pode ser verdadeiro com relação à minha cultura, mas o juízo de outra pessoa de que a poligamia não é moralmente duvidosa pode ser verdadeiro com relação à sua cultura. Se fosse assim, não haveria conflito real. Mas e quanto à possibilidade de uma divergência moral? Então, o relativista cultural pode argumentar que às vezes, até mesmo com frequência, as pessoas se encontram em culturas sobrepostas. E, nesses casos, há uma questão real a ser disputada, algo que importa: que ações são moralmente certas ou erradas com relação à cultura partilhada por ambas as pessoas. Mas, outras vezes, onde as culturas não se sobrepõem, não há disputa real.

Antes de avaliar essa teoria em mais detalhes, quero apresentar uma última abordagem: o emotivismo.

Emotivismo

Ao contrário de todas as outras visões filosóficas que venho discutindo neste capítulo, o emotivismo diz que os juízos morais não são o tipo de coisa que pode ser verdadeira ou falsa. De acordo com o emotivismo, as declarações morais não são afirmações de fatos objetivos, nem tampouco afirmações cuja verdade é subjetiva ou culturalmente relativa. São expressões de nossas reações emocionais. Desse modo, o emotivista responde à pergunta (A) de maneira oposta ao objetivista e ao relativista. (Em consequência, as perguntas (B) e (C) não se aplicam ao emotivismo.)

Para ter uma ideia do que o emotivismo propõe, lembre-se da visão subjetivista que discuti anteriormente. O subjetivista diz que minha afirmação "A poligamia é moralmente duvidosa" só é verdadeira no caso de eu desaprovar moralmente a poligamia. O emotivista nega isso, dizendo que minha declaração expressa diretamente minha desaprovação moral. Em linguagem um pouco pitoresca, o emotivista está sugerindo que quando eu digo (3) é como se eu dissesse "buuu para a poligamia!", expressando diretamente, portanto, minha desaprovação moral.

Embora os emotivistas deem uma resposta negativa à pergunta (A), eles não negam que às vezes consideramos alguns juízos morais verdadeiros e outros falsos em um sentido amplo. É só que eles pensam que, estritamente falando, nossas declarações morais não são a expressão de crenças em fatos – nem fatos objetivos, nem relativos –, e sim a expressão de nossas atitudes morais. Para explicar a possibilidade de uma divergência moral genuína, os emotivistas propõem que, assim como é possível discordar na crença, também é possível discordar nas atitudes. Com efeito, quando digo "quiabo é uma delícia" e outra pessoa diz "não, é ruim", é plausível interpretar o que está acontecendo como ambos expressando atitudes em relação ao quiabo – atitudes divergentes. Isto é, podemos pensar que estou expressando meu agrado por quiabo e que você está expressando seu desagrado. Para o emotivista, a divergência moral é similar; é a divergência em nossas atitudes morais, em vez de ser em nossas crenças sobre algum fato.

O objetivismo e outras direções

Vamos recapitular. Até agora, apresentei três abordagens filosóficas às perguntas sobre o status de moralidade – isto é, respostas teóricas às perguntas (A) a (C) sobre o status de juízos morais como aqueles listados nos exemplos. O objetivismo diz que nossos juízos morais estão definitivamente no reino da verdade e da falsidade – são tentativas de entender corretamente fatos objetivos sobre a moralidade. O relativismo diz que nossos juízos morais estão no reino da verdade e da falsidade, mas sua verdade e falsidade são secretamente relativas a algo como nossas atitudes morais subjetivas ou nossas normas culturais. O emotivismo diz que nossos juízos morais, na verdade, não são crenças em fatos, e sim atitudes morais em si mesmas. As afirmações que os expressam não são declarações sobre fatos, e sim a expressão de emoções.

Qual dessas visões é a correta em relação ao status de moralidade? Esta é uma questão importante que não resolveremos aqui. Com efeito, na pesquisa filosófica contemporânea, esta é a questão fundamental da subdisciplina chamada **metaética**. Em metaética, podemos encontrar uma grande variedade de visões sobre o status de moralidade. E essas visões têm algumas características em comum com uma ou mais das três abordagens esboçadas aqui, mas as últimas teorias metaéticas são também mais sofisticadas e cheias de nuances. Portanto, chegar a uma visão totalmente defensável sobre o status de moralidade é um projeto entusiasmante, mas gigantesco.

Mesmo que não possamos resolver a questão aqui, podemos começar a pensar sobre esse projeto considerando uma objeção principal a cada uma das teorias tradicionais. Isso o ajudará a entender melhor as teorias. Além do mais, refinar nossa visão inicial à luz das objeções é uma boa metodologia filosófica. Portanto, um bom projeto de pesquisa seria pensar em como poderíamos refinar cada teoria para contornar a objeção que vou mencionar.

Comecemos com uma objeção à primeira teoria discutida: o objetivismo. No início deste capítulo, nós contrastamos as intuições sobre juízos empíricos e as intuições sobre juízos morais. Na ciência, por exemplo, pensamos que temos um método que almeja a verdade e que é capaz de resolver disputas por meio de dados coletados empiricamente. E, embora isso não esteja tão regimentado, nossas declarações cotidianas sobre o mundo à nossa volta – coisas como o clima ou a minha altura – também parecem ser passíveis de ser resolvidas por meio da observação. O mesmo não parece ser verdadeiro acerca da moralidade. As disputas morais, quando ocorrem, muitas vezes parecem ser recalcitrantes e impossíveis de se resolver; não parece haver algo como dados empíricos que poderia provar que um lado está errado e o outro está certo. Essa parece ser uma diferença importante entre moralidade e ciência que o objetivismo tem dificuldade de explicar. Esta é a objeção ao objetivismo: este não é capaz de explicar essa diferença intuitiva em nossas práticas para resolver disputas sobre juízos empíricos e para resolver disputas sobre juízos morais.

Você talvez pense que o relativismo lida melhor com esse fenômeno, pois ele pode dizer que só precisamos investigar as normas morais de culturas específicas para determinar quais juízos morais são verdadeiros ou falsos – é claro, verdadeiros ou falsos com relação à cultura em particular na qual ocorrem. Entretanto, também há uma objeção a essa teoria. Se a moralidade é relativa às culturas, é difícil explicar o progresso moral. Por exemplo, muitas culturas no passado aceitaram a escravidão, mas nós passamos a considerar a escravidão moralmente abominável. Se o relativismo estiver correto, essa mudança de opinião não representa progresso de uma opinião falsa dominante para uma opinião verdadeira dominante; pois o relativista pensa que cada opinião moral é verdadeira ou falsa com relação à cultura em que é emitida. A ideia de progresso intelectual parece ser um importante aspecto em comum entre a moralidade e a ciência que o relativismo tem dificuldade de explicar. Esta é a objeção ao relativismo: este não é capaz de explicar a possibilidade de progresso moral.

Finalmente, e quanto ao emotivismo? Bem, se seguirmos o pensamento emotivista, de que as afirmações morais são expressões de reações emocionais, e não de crenças em fatos, fica difícil explicar a possibilidade de oferecermos uma explicação lógica para nossas opiniões morais. O emotivista poderia dizer que este é exatamente o ponto do emotivismo: nossas opiniões morais não são lógicas, são emocionais. No entanto, mesmo se for verdade que as emoções influenciam muitas de nossas opiniões morais, ainda assim parecemos ser capazes de oferecer explicações lógicas para algumas de nossas opiniões morais. De fato, há um fenômeno bem conhecido de dissonância cognitiva, em que – como se diz – nossa cabeça acredita em uma coisa enquanto nosso coração sente algo diferente. Isso não deveria ser possível se – como os emotivistas propõem – as opiniões morais são, na verdade, apenas sentimentos, e não crenças.

É possível responder a essas objeções? É claro que sim! Em resposta à objeção que mencionei para sua teoria, os objetivistas poderiam responder pelo menos de duas maneiras diferentes. Em primeiro lugar, eles poderiam argumentar que muitas disputas morais são passíveis de ser resolvidas observando-se o mundo à nossa volta, pois uma das coisas que parecem tornar uma ação correta ou errada são suas consequências – elas levam a bons resultados ou a maus resultados? E isso é algo que poderíamos descobrir por meio de investigação empírica.

Entretanto, mesmo que as perguntas morais mais importantes e fundamentais não sejam passíveis de ser respondidas por meio de observação empírica, os objetivistas têm outra linha de resposta. Eles podem argumentar que, mesmo quando não há um método empírico para resolver disputas morais profundas, ainda pode haver um método objetivo. Compare, por exemplo, a situação na matemática. As disputas matemáticas podem ser mais arcanas e teóricas, mas elas ocorrem entre matemáticos. Porém, essas disputas normalmente não são passíveis de ser resolvidas coletando-se mais observações sobre o mundo à nossa volta. Entretanto, muitos matemáticos as considerariam disputas sobre um fato objetivo. De maneira similar, você poderia pensar que a própria questão que estamos discutindo neste capítulo – o status de moralidade – não é algo que possa ser resolvido colhendo-se dados empíricos, mas é algo para o qual deve haver uma resposta objetivamente correta. Portanto, se você está inclinado ao objetivismo, poderia pensar em como poderia haver procedimentos objetivos para resolver disputas morais, que, no entanto, são curiosamente diferentes dos métodos empíricos da ciência. Os procedimentos usados na pesquisa filosófica e matemática podem fornecer bons pontos de partida.

Em resposta à objeção que mencionei para o relativismo, os defensores dessa abordagem poderiam responder argumentando que, contanto que vejamos as gerações anteriores como parte da herança cultural da geração presente de uma dada cultura, as afirmações morais das gerações anteriores devem ser avaliadas de acordo com as normas culturais partilhadas. Por exemplo, se entendermos que a cultura dos fundadores dos Estados Unidos se sobrepõe à das gerações contemporâneas de norte-americanos, então a afirmação "a escravidão é moralmente abominável" pode ser considerada verdadeira ou falsa em relação a essa cultura sobreposta. Nesse caso, consideramos verdadeira. Mas isso levanta uma questão importante para o relativismo: como definir quais mudanças de opinião em determinado grupo representam visões melhoradas e quais mudanças representam uma nova cultura? De modo similar, o que é preciso para que duas culturas se "sobreponham"? Se você tende a pensar que alguma forma de relativismo moral é correta, deve pensar em como responder a esse tipo de pergunta de maneira totalmente convincente.

Por fim, em resposta à objeção que mencionei para sua teoria, os emotivistas muitas vezes argumentam que precisamos reconhecer a possibilidade da razoabilidade ou irrazoabilidade das atitudes avaliativas, tanto quanto das crenças em fatos. Por exemplo, é natural considerar inconsistente – e, portanto, irrazoável – que alguém prefira (1) chocolate a cerveja e (2) cerveja a sexo, mas prefira (3) sexo a chocolate. Se isso for correto, no entanto, parece haver razões a favor e contra determinadas preferências, embora as preferências não sejam crenças em fatos. Com efeito, alguns dos que são atraídos para o emotivismo argumentam que há algo não totalmente correto na ideia de que as atitudes morais são reações emotivas, já que isso indica que elas estão fora do reino da razão. Um refinamento do emotivismo é às vezes chamado expressivismo, que diz que as afirmações morais expressam atitudes morais, que não são crenças factuais, mas que respondem a razões de maneira um pouco similar às preferências.

Moralidade: objetiva, relativa ou emotiva?

Portanto, se você foi inicialmente atraído para o emotivismo, poderia pensar em tomar as preferências como modelo e tentar descrever os tipos de atitude marcadamente moral que considera expressos por afirmações morais.
É possível apresentar objeções às respostas a essas objeções? É claro que sim! Isso pode parecer exasperante, mas, se você for capaz de compreender de que modo seguir essas linhas de debate filosófico pode ajudá-lo a ponderar os custos e os benefícios teóricos de várias teses a fim de aprimorar sua própria visão da moralidade, você terá começado, também, a apreciar a diversão em um debate filosófico sério.

Resumo do capítulo

- Um dos ramos do estudo filosófico da ética é a metaética. A questão fundamental da metaética é o status de moralidade.
- O status de moralidade pode ser investigado considerando-se a resposta às três perguntas listadas anteriormente.
- Três abordagens elementares são o objetivismo, o relativismo e o emotivismo.
- O objetivismo diz que nossos juízos morais estão definitivamente no reino da verdade e da falsidade – são tentativas de entender corretamente os fatos objetivos sobre moralidade. Essa visão pretende explicar nossas intuições sobre afirmações como "as ações de Pol Pot foram moralmente abomináveis", mas enfrenta a objeção de que não é capaz de explicar a diferença intuitiva entre disputas sobre fatos empíricos e sobre fatos morais.
- O relativismo diz que nossos juízos morais estão no reino da verdade e da falsidade, mas que sua verdade e falsidade são relativas a algo como nossas atitudes morais subjetivas ou nossas normas culturais. Essa visão pretende explicar nossas intuições sobre práticas moralmente relevantes que

parecem diferir entre culturas ou povos muito diferentes – por exemplo, a poligamia. No entanto, enfrenta a objeção de que não é capaz de explicar o progresso moral.
- O emotivismo diz que nossos juízos morais não são, na verdade, crenças em fatos, e sim atitudes morais em si mesmas. As afirmações que os expressam não são afirmações sobre fatos, e sim expressões de atitudes emotivas. Essa visão explica o modo como nossas visões morais parecem ser avaliativas e, portanto, capazes de motivar a ação de uma maneira característica. Para isso, no entanto, enfrenta a objeção de que não é capaz de explicar a possibilidade de raciocínio lógico sobre uma certa questão moral.
- Na metaética contemporânea, há um grande número de teorias concorrentes que têm características em comum com um ou mais desses três princípios básicos. Decidir qual delas é a correta é uma questão de pesar os custos e benefícios teóricos considerando as vantagens de cada teoria, bem como as objeções e respostas.

Questões para estudo

1. Proponha novos exemplos de um juízo empírico e de um juízo moral. Explique, com suas próprias palavras, o que faz do primeiro empírico e do segundo moral.
2. Considere a afirmação "Chutar cães por diversão não é errado". Qual das três principais abordagens ao status de moralidade discutidas neste capítulo defende que essa afirmação pode ser verdadeira ou falsa?
3. Por que o relativismo parece ser a abordagem correta a se adotar sobre a afirmação "Deve-se dirigir do lado esquerdo da via"?
4. O subjetivismo é uma forma de quê? Explique sua resposta.

5. Parece ser possível fazer progresso moral. Dê um exemplo disso que não tenha sido discutido no capítulo e explique por que esse exemplo causa problemas para o relativismo.
6. Qual das seguintes declarações é inconsistente com o objetivismo moral? (a) A razão humana não é capaz de entender as verdades absolutas sobre moralidade. (b) A moral da maioria das pessoas é corrompida. (c) "Verdade" moral é só uma questão de opinião. (d) Se um código moral não é corroborado por evidências científicas, então esse código moral é falso.
7. Os emotivistas dizem que as afirmações morais não são, estritamente falando, verdadeiras ou falsas. Qual é outro tipo de afirmação que você poderia argumentar que não é, estritamente falando, verdadeiro ou falso? Explique sua resposta.

Leitura complementar introdutória

BLACKBURN, S. (2002) *Being Good: A Short Introduction to Ethics*, Oxford: Oxford University Press. (Uma introdução muito acessível a alguns dos principais temas em ética, incluindo metaética.)

CHRISMAN, M. (2013) "Emotivism", in LAFOLLETTE, H. (Org.) *International Encyclopedia of Ethics*, Chichester: Wiley-Blackwell. (Uma introdução mais completa ao emotivismo, incluindo suas raízes históricas.)

HARMAN, G.; THOMSON, J. J. (1996) *Moral Relativism and Moral Objectivity*, Malden, MA: Blackwell. (Um debate acessível entre um proeminente defensor do relativismo e um proeminente defensor do objetivismo.)

SCHROEDER, M. (2010) *Noncognitivism in Ethics*, Nova York: Routledge. (Um livro introdutório a teorias não cognitivistas como o emotivismo.)

SHAFER-LANDAU, R. (2004) *Whatever Happened to Good and Evil?*, Nova York: Oxford University Press. (Uma introdução muito acessível a alguns dos principais temas em ética, incluindo metaética.)

Leitura complementar avançada

CHRISMAN, M. (2011) "Ethical Expressivism", in MILLER, C. (Org.) *The Continuum Companion to Ethics*, Londres: Continuum. (Uma introdução aos herdeiros expressivistas da tradição emotivista, incluindo uma discussão das versões mais contemporâneas da teoria expressivista.)

MACKIE, J. L. (1977) *Ethics: Inventing Right and Wrong*, Londres: Penguin. (Defesa influente da ideia de que não há fatos morais.)

MILLER, A. (2013) *An Introduction to Contemporary Metaethics*, 2. ed., Cambridge: Polity. (Livro amplamente usado em cursos de metaética para universitários.)

PRINZ, J. J. (2007) *The Emotional Construction of Morals*, Nova York: Oxford University Press. (Argumento de que a moralidade é baseada em respostas morais e de que essas respostas são inculcadas pela cultura.)

SMITH, M. (1994) *The Moral Problem*, Oxford: Blackwell. (Defesa influente de uma forma de objetivismo em metaética.)

WILLIAMS, B. A. O. (1985) *Ethics and the Limits of Philosophy*, Cambridge, MA: Harvard University Press. (Um livro muito influente atacando a objetividade da moralidade.)

Referências on-line

GOWANS, C. (2008) "Moral Relativism", in ZALTA, E. (Org.) *Stanford Encyclopedia of Philosophy* [enciclopédia on-line]

(primavera de 2012), http://plato.stanford.edu/entries/moral-relativism/. (Uma sofisticada introdução ao relativismo.)
LaFollette, H. (Org.) (2013) *International Encyclopedia of Ethics* [enciclopédia on-line], Wiley-Blackwell, http://on-linelibrary.wiley.com/book/10.1002/9781444367072. (Enciclopédia abrangente com artigos dos principais pesquisadores na área apresentando temas da ética.)
A Bibliography of Metaethics, compilada por James Lenman, Universidade de Sheffield [website], www.lenmanethicsbibliography.group.shef.ac.uk/Bib.htm. (Bibliografia abrangente de artigos publicados sobre metaética.)
Entrevistas com Geoff-Sayre McCord (sobre metaética), por Will Wilkinson, *Blogginheads.tv* [blog], 6 de junho, http://bloggingheads.tv/videos/1562.
Sayre-McCord, G. (2012) "Metaethics", in Zalta, E. (Org.) *Stanford Encyclopedia of Philosophy* [enciclopédia on-line], http://plato.stanford.edu/entries/metaethics/. (Um panorama sofisticado das questões contemporâneas em metaética.)

5. Devemos acreditar no que ouvimos?

Matthew Chrisman, Duncan Pritchard e Alasdair Richmond

Introdução

Neste capítulo, discutiremos mais uma questão em epistemologia (um assunto que abordamos no capítulo 2), mas, ao fazer isso, apresentaremos também um importante debate na história da filosofia moderna. Essa questão epistemológica é: até que ponto devemos construir nossas crenças com base no **testemunho** de outros. Por testemunho, os filósofos normalmente estão se referindo a mais do que apenas o tipo de evidência que se poderia apresentar em um tribunal ou em uma investigação policial. Eles se referem a qualquer coisa que ouvimos ou lemos de outras pessoas em vez de testemunhar ou deduzir por nós mesmos. (Então, por exemplo, o que você está lendo neste exato momento conta como um testemunho dos autores deste capítulo.)

Grande parte daquilo em que acreditamos se apoia em testemunhos nesse sentido. Pense, agora, nas muitas coisas em que você acredita, tais como sua crença sobre qual é a capital da Venezuela, ou sua crença sobre como uma televisão funciona. Sem dúvida, você verá que muitas dessas crenças foram adquiridas ouvindo a palavra de outros, seja diretamente (por exemplo, quando alguém, como um professor, lhe conta esses "fatos"), seja indiretamente (por exemplo, ao ler esses "fatos" em um livro ou ouvi-los em um documentário). Além disso, observe que uma boa parte daquilo em que você acredita com base em testemunhos só poderia ser adquirida dessa forma. Há muitas coisas que simplesmente não poderíamos descobrir por nós mesmos e situações em que precisamos confiar na palavra de outros se quisermos formar algum juízo a respeito. Claramente, no entanto, não devemos acreditar em *tudo* que ouvimos; esta é uma receita para a tolice. Então, como decidir quando construir uma crença com base em um testemunho e quando não o fazer?

Essa questão epistemológica em particular foi uma questão central no **Iluminismo**, um período importante na história intelectual, mais ou menos de 1700 a 1800. Foi durante esse período que ideias como razão, ciência e democracia ganharam projeção, ao passo que outras como governo divino, revelação religiosa e tradição estiveram sob pressão. A Escócia foi uma das principais regiões onde o Iluminismo floresceu, e intelectuais escoceses exerceram um papel fundamental nesse período vibrante de transformação intelectual.

Uma figura central do Iluminismo escocês foi David Hume (1711-1776). Embora, em nossos dias, ele seja conhecido principalmente como filósofo, em sua época muito provavelmente era mais conhecido como historiador (sua *História da Inglaterra* foi um best-seller da época). Sua obra-prima *Tratado da natureza humana* (1739) ainda é amplamente considerada um dos melhores escritos filosóficos de todos os tempos. É famosa por seu empirismo rigoroso, sua visão naturalista do mundo e suas conclusões céticas. A ideia empirista de Hume era de que tudo que pode ser conhecido só será conhecido por meio de cuidadosa observação empírica. Isso o levou a buscar explicações naturalistas para vários fenômenos sobre a mente e a vontade humana. Isso significa que, ao contrário de muitos de seus contemporâneos, ele duvidava de explicações sobrenaturais. Então, em vez de recorrer ao poder de Deus ou ao espírito dentro de nós para explicar fenômenos observáveis na mente humana, ele tratou de aplicar o mesmo método científico empírico que, na época, estava se tornando cada vez mais entranhado na explicação de outros fenômenos naturais. Por causa disso, Hume era muito cético em relação à religião.

Isso tem relação com o assunto deste capítulo porque Hume duvidava de milagres, especialmente do tipo encontrado em textos religiosos como a Bíblia. A relação com o assunto deste capítulo é que a maioria das pessoas conhece milagres não por testemunhá-los em primeira mão, e sim por ouvir ou ler sobre eles de outras pessoas – isto é, por meio de testemunhos. Na seção 10 de sua *Investigação sobre o entendimento humano* (1748), Hume argumentou que nós, muito provavelmente, não encontraremos testemunhos convincentes para os milagres. Discutiremos esse argumento em mais detalhes neste capítulo.

Em sua época, o principal oponente da visão de Hume sobre milagres e testemunhos foi **Thomas Reid** (1710-1796). Thomas foi pastor na Igreja da Inglaterra e professor nas universidades de Aberdeen e Glasgow. Ele ficou famoso principalmente por sua defesa do senso comum. Em sua obra mais influente, *Investigação sobre a mente humana segundo os princípios do senso comum* (1764), ele escreveu:

> Se há certos princípios, como creio que há, nos quais a constituição de nossa natureza nos leva a crer, e os quais temos a necessidade de tomar por certos nas questões mundanas da vida, sem sermos capazes de dar uma razão para eles – estes são os que chamamos princípios do senso comum; e o que é claramente contrário a eles é o que chamamos de absurdo.
>
> (1764: cap. 2, §6, 33)

Esta é uma expressão de sua ideia central de que somos inatamente dotados de uma propensão a pensar e sentir certas coisas, e de que devemos confiar nesse dom: fazer isso é confiar no senso comum.

Como veremos, o debate entre Hume e Reid sobre o testemunho se resume a se deve haver razões independentes para confiar no testemunho de outros ou se este já é um elemento do senso comum. Mas, antes de chegarmos lá, será útil observar como isso se relaciona com as visões de outra figura famosa do Iluminismo, **Immanuel Kant** (1724-1804). Kant foi um filósofo alemão que escreveu várias das obras mais influentes em filosofia. Em sua filosofia da mente, ele enfatizou a interação entre a receptividade passiva dos sentidos e a aplicação ativa de conceitos na experiência humana. Em sua teoria ética, ele enfatizou a importância da **autonomia**, que é o tipo de liberdade que temos que é autodeterminante, isto é, na qual determinamos nosso próprio destino, em vez de tê-lo determinado por outros. Em um famoso ensaio, "Resposta à pergunta: Que é Iluminismo?" (1784), ele argumentou que "iluminismo" é o progresso da humanidade da imaturidade de seguir dogmas tradicionais ao uso crítico da nossa razão. Em sua defesa da que é hoje chamada "autonomia intelectual", a filosofia prática e a filosofia teórica de Kant se fundem. Somos livres, na visão de Kant, quando pensamos por nós mesmos. Posteriormente, neste capítulo, discutiremos de que modo o debate sobre o testemunho nos conecta com a visão de Kant.

Nosso plano para o restante deste capítulo é apresentar a visão de Hume sobre milagres e testemunho. Então, consideraremos a resposta de Reid a Hume. Em seguida, discutiremos a influência que Hume teve sobre Kant com respeito a esse assunto em particular. Por fim, concluiremos explorando brevemente as relações entre esse assunto na história da filosofia moderna e os debates contemporâneos sobre testemunho em epistemologia.

Hume, sobre milagres e testemunho

Uma visão filosófica muito importante sobre testemunho encontra uma clara (e permanentemente controversa) defesa na obra de Hume. Hume defendeu uma visão de testemunho segundo a qual há certos tipos de acontecimentos nos quais é muito difícil acreditar somente com base no testemunho. Em particular, Hume argumentou que o testemunho de qualquer acontecimento milagroso muito provavelmente não seria convincente.

Hume sustentava que grande parte do que tomamos por certo não pode ser justificado *racionalmente*, sendo justificado por instinto e por hábito. Notoriamente, Hume não acreditava que nossas expectativas de que o futuro será semelhante ao passado (ou de que o não observado deve ser semelhante ao observado) poderiam se justificar de uma maneira que fosse racional e não circular. Este é o famoso problema da indução: como justificar as projeções daquilo que observamos para aquilo que não observamos? Até mesmo nossas induções mais bem corroboradas podem nos desapontar. Hume considerou duas maneiras pelas quais nossas induções poderiam ser justificadas – pela lógica ou pela experiência. Nenhuma das duas, segundo concluiu, apresentava uma justificativa não circular da indução.

Em primeiro lugar, as induções não expressam qualquer "relação de ideias" (ou **verdade conceitual**). A contradição de uma relação de ideias é inconcebível (ou sem sentido), ao passo que o contrário de toda indução, não importa o quão bem corroborada seja, é sempre concebível: "*Que o sol não há de se levantar amanhã* não é uma proposição menos inteligível e não implica maior contradição do que a afirmação de *que ele se levantará*" (1748/2013: §4, parte I). Entretanto, a indução também não pode ser justificada como um "fato" ou **verdade empírica**. Todas as inferências da experiência devem pressupor o princípio de indução, daí que esse princípio é demasiado fundamental para ser justificado pela experiência: "Porque todas as inferências a partir da experiência supõem, como seu fundamento, que o futuro se assemelhará ao passado" (1748/2013: §4, parte II). Igualmente, as tentativas de justificar a indução por meio de uma referência à uniformidade da natureza enfrentam o obstáculo insuperável de que toda crença em tal uniformidade só pode ser justificada por indução. Portanto, o princípio de indução não é passível de uma justificativa não circular por meio da razão ou da experiência. Entretanto, Hume afirmou que podemos explicar nossos hábitos indutivos, nossa tendência a fazer projeções com base na experiência, recorrendo ao *instinto*: assim como as galinhas nascem com um instinto de ciscar que lhes é muito útil no terreiro, os seres humanos nascem com um instinto de fazer generalizações a partir da experiência – e esse instinto, por sua vez, nos é muito útil no mundo. Entretanto, assim como ciscar não é uma garantia de imortalidade para as galinhas, a indução também pode nos levar ao engano, e muitas vezes o faz.

A visão de Hume sobre o que deve ser considerado um raciocínio correto é mais ou menos esta: raciocinar corretamente é não tanto uma questão de quais crenças você tem, e sim uma questão de como você *muda* suas crenças diante de novas evidências. Seres racionais ajustam seu grau de crença em proporção a suas melhores evidências disponíveis:

> Por conseguinte, um homem sábio ajusta a sua crença à evidência. Em conclusões como as que se baseiam numa experiência infalível, aguarda o evento com o último grau de firmeza e olha sua experiência passada como uma plena *prova* da futura existência desse evento.
>
> (1748/2013: §10, parte I)

Um aspecto importante para nossos propósitos é que Hume acreditava que o testemunho normalmente tem um peso evidencial significativo, mas que não é infalível. Também devemos levar em consideração a probabilidade de o acontecimento ser testemunhado ao avaliar o peso do testemunho. A visão de Hume acerca do testemunho tem ligações importantes com suas visões sobre religião e sua filosofia de modo geral. Em "Os milagres", o controverso décimo capítulo de seu *Investigação sobre o entendimento humano*, Hume indaga se pode haver justificativa racional para aceitar que um milagre ocorreu com base na afirmação de outra pessoa de que tal milagre ocorreu.

Hume admite que, em geral, as evidências oriundas de testemunhos têm uma força evidencial influente e normalmente seriam decisivas – isto é, normalmente o testemunho equivale a uma prova suficiente do que está sendo afirmado. Temos uma tendência natural a favorecer a evidência do testemunho, a não ser que tenhamos boas razões para duvidar desse testemunho. Normalmente, consideramos o testemunho uma evidência irrefutável – a vida humana se tornaria impossível se não pudéssemos confiar em certas afirmações e tivéssemos de verificar cada afirmação por nós mesmos. Entretanto, nossa expectativa de que uma lei da natureza continue é também uma prova (no sentido humeano do termo). Hume diz que a experiência uniforme de qualquer sequência de acontecimentos deve gerar uma grande expectativa de que esta continuará, de modo que a interrupção de uma lei da natureza normalmente será inacreditável, exceto se houver fortes evidências do contrário. Tais uniformidades ininterruptas devem ter (pelo menos do ponto de vista psicológico) peso evidencial avassalador. Para Hume, uma lei da natureza é uma projeção de uma das sequências de acontecimentos regulares mais bem confirmadas que possuímos. Então podemos falar, por exemplo, de leis da natureza de que o sol continuará a nascer todos os dias, de que a decapitação é rapidamente seguida de morte, ou de que o ar continuará a ser respirável. Portanto, embora, em teoria, seja sempre possível que tais uniformidades até então ininterruptas venham a falhar, podemos ter, pessoalmente, cem por cento de certeza de que elas prosseguirão. Isto é, interrupções podem ser possíveis, mas, até que não sejam vivenciadas, são *inacreditáveis*. Hume não considerava que nossa crença na continuidade das leis da natureza fosse infalível – sempre é possível que uma lei da natureza falhe. Mas considerava que é uma verdade psicológica sobre a natureza humana que a experiência uniforme de uma sequência de acontecimentos gere grandes expectativas de que essa sequência continue.

Segundo a definição de Hume, um milagre é uma violação das leis da natureza – isto é, uma exceção a uma das regularidades mais bem confirmadas que possuímos. Então é por isso que, para Hume, há um problema com o testemunho de milagres: testemunhar um milagre cria uma tensão entre nosso instinto de acreditar no testemunho e nosso instinto de acreditar na continuidade das leis da natureza. Para que lado devemos pender se o testemunho e as leis da natureza aparentemente estão em conflito? Se parece mais provável que o testemunho esteja distorcido ou equivocado, devemos rejeitar o testemunho e o milagre que este pretende defender.

Em particular, Hume argumenta que o testemunho perde força se:

O acontecimento testemunhado é extraordinário;
Suspeitamos parcialmente da testemunha;
O testemunho não é de boa qualidade;
O acontecimento testemunhado aconteceu há muito tempo e/ou num lugar muito distante; etc.

Considerando o que sabemos sobre a natureza humana, Hume diz que devemos sempre suspeitar do testemunho a favor do milagroso. As pessoas sempre tendem a aumentar histórias de acontecimentos notáveis e muitas vezes podem se enganar (inconscientemente ou não) ao seguir suas crenças. Entre o testemunho de milagres e as testemunhas oculares, invariavelmente há uma longa distância, e o milagre quase sempre está situado em um lugar remoto no tempo e no espaço. Hume conclui que nenhum testemunho deve nos obrigar a acreditar que um milagre ocorreu de maneira a corroborar uma hipótese religiosa. No entanto, Hume admite explicitamente pelo menos a *possibilidade* de uma crença racionalmente formada, baseada em testemunhos, na ocorrência de um milagre e alerta seus leitores a não ler uma conclusão demasiado rígida em seu argumento:

> Peço que se tenham em conta as limitações aqui feitas, quando digo que um milagre nunca pode ser demonstrado de maneira a constituir o fundamento de um sistema de religião. Confesso que, de outro modo, pode talvez haver milagres, ou violações do curso habitual da natureza, de um tal gênero que admitam prova a partir do testemunho humano; embora, talvez, seja impossível encontrar um assim em todos os relatos da história.
> (1748/2013: §10, parte II)

"Os milagres", de Hume, tem duas partes. A parte I define o problema: instintivamente, confiamos nos testemunhos, mas também esperamos que as leis da natureza continuem. Ambos os instintos estão arraigados em nós por uma boa razão. Normalmente, esses instintos não entram em conflito, mas, no caso dos milagres, sim. O que fazer? Na parte II, Hume tenta resolver a tensão: se você observar o testemunho de um milagre, perceberá que, embora um milagre corroborado por um testemunho seja possível em teoria, na prática o testemunho do milagre não atende ao padrão requerido. Hume diz: só poderíamos aceitar o testemunho de um milagre se fosse mais milagroso o testemunho estar errado do que estar certo. Mas, na prática, é quase sempre mais racional presumir que esse testemunho a favor de um milagre é falho, seja por acidente ou deliberadamente, do que descartar todas as nossas teorias mais bem confirmadas e aceitar que as leis da natureza foram efetivamente suspensas. (Observe que Hume estava interessado apenas no *testemunho* de milagres – ele nunca afirmou, por exemplo, que estaríamos obrigados a rejeitar a evidência de nossos próprios sentidos se nos deparássemos com algo aparentemente milagroso.)

Alguns críticos argumentaram que Hume eliminou os milagres por definição ou foi incapaz de conceder que um testemunho suficientemente independente pudesse ser convincente. Ambas as afirmações são falsas. Hume claramente admitiu que um milagre (ou violação das leis da natureza) poderia ocorrer e poderia inclusive (pelo menos em teoria) ser objeto de um testemunho convincente. Considere o exemplo de Hume "oito dias de escuridão":

> Portanto, suponhamos que todos os autores, em todas as línguas, concordam que, desde o primeiro de janeiro de 1600, houve uma escuridão total em toda a Terra, durante oito dias; suponhamos que a tradição desse evento extraordinário está ainda forte e viva entre os povos; que todos os viajantes que regressam de países estrangeiros nos trazem descrições da mesma tradição, sem a menor variação ou contradição; é evidente que os nossos filósofos presentes, em vez de duvidarem do facto, o devem receber como certo e devem investigar as causas de onde ele poderia brotar. A decadência, a corrupção e a dissolução da natureza são um evento tornado provável por tantas analogias que qualquer fenômeno que parece ter uma tendência para essa catástrofe entra no âmbito do testemunho humano, se tal testemunho for muito extenso e uniforme.
>
> (1748/2013: §10, parte II)

Esse tipo de acontecimento dificilmente deixaria de ser mencionado por todo historiador que trata do período e teria tido uma cascata de efeitos daí em diante. (Por exemplo, os viajantes de terras estrangeiras em toda parte descrevem que a tradição dessa escuridão sobrevive no exterior.) A ocorrência de tal acontecimento público singular, testemunhado universalmente por todos os que discutem o período, envolvendo uma violação de regularidades teoricamente bem corroboradas e até então sem exceções, poderia, na visão de Hume, ser estabelecida por testemunho. Portanto, Hume não elimina milagres por definição, nem tampouco que poderia haver evidências suficientes, por testemunho, para acreditar neles.

O exemplo dos "oito dias de escuridão" mostra que Hume se dispôs a arriscar seu pescoço e apresentar (em detalhes) um caso em que a crença num milagre poderia ser convincente somente por meio de um testemunho. O testemunho tem de ser muito forte e o acontecimento tem de ser de uma natureza amplamente testemunhada, mas a filosofia naturalista de Hume admitia pelo menos a *possibilidade* de uma crença na ocorrência de um milagre formada racionalmente com base em testemunho. Entretanto, Hume pensava que nenhum milagre histórico fora corroborado por evidências suficientemente boas para tornar convincente a crença em sua ocorrência. Compare o caso de Hume sobre os "oito dias de escuridão" com sua rejeição dos relatos sobre a morte e ressurreição de Elizabeth I, ainda que essas ocorrências tenham sido endossadas universalmente por historiadores. Nesse último caso, a ponderação das provas favoreceria o ceticismo.

Portanto, Hume admite que milagres podem acontecer e podem inclusive ser objeto de um testemunho convincente, mas rejeitou a ideia de que o testemunho de um milagre pudesse ser uma base convincente para uma hipótese religiosa específica. Hume definitivamente não diz que milagres jamais podem ocorrer ou que toda ocorrência deve ser não milagrosa por definição. Ele está particularmente interessado nos acontecimentos milagrosos que são capazes de agir como base para um sistema de religião, isto é, milagres "testemunhais" que atestam a missão, inspiração ou orientação divina de um milagreiro. Desse modo, a questão é se o testemunho de um milagre poderia ser bom o bastante para fazer do milagre a base de uma hipótese religiosa. Hume pensava que a tarefa diante de alguém tentando tornar milagres convincentes unicamente por meio de testemunhos é, com efeito, uma tarefa muito árdua, e torna-se pior (de fato, impossivelmente pior) quando se espera que o milagre em questão ofereça evidências notadamente convincentes para determinada hipótese religiosa.

Hume, portanto, conclui que onde um acontecimento testemunhado é suficientemente extraordinário (por exemplo, se envolve a violação de uma lei da natureza), o testemunho tem de ser de quantidade e qualidade notáveis antes de se tornar convincente. Hume também acreditava que, ao avaliar a força do testemunho, não devemos prestar atenção meramente na confiabilidade da pessoa (ou pessoas) testemunhando; devemos considerar, também, a probabilidade do acontecimento cuja ocorrência o testemunho pretende corroborar. Mesmo testemunhas muito confiáveis podem enfrentar uma tarefa difícil, até mesmo uma tarefa praticamente impossível, ao tentar tornar críveis acontecimentos improváveis.

A resposta de Reid a Hume

Uma explicação muito diferente de como devemos responder ao testemunho é apresentada por Reid. Ele argumentou que confiar no testemunho equivale a confiar nos próprios sentidos. Então, assim como quando alguém vê alguma coisa nem sempre precisa de uma razão independente para confiar nos próprios sentidos (isto é, uma razão para confiar nos próprios sentidos que não dependa dos próprios sentidos), o mesmo se aplica no caso do testemunho. Se você vê uma mesa à sua frente em circunstâncias normais, por exemplo, isso pode bastar para saber que há uma mesa à sua frente, sem que você tenha de identificar uma razão independente para confiar em seus sentidos a esse respeito (isto é, você não precisa de uma razão geral – não derivada de seus sentidos – para acreditar no que vê).

Essa é uma concepção muito diferente de nossa confiança no testemunho da oferecida por Hume, que claramente pensava que nossa confiança no testemunho deve, com frequência, se não sempre, estar firmada em fontes independentes, como nossa observação em primeira pessoa da confiabilidade do informante. Para Hume, embora possamos vir a saber que o objeto diante de nós é uma mesa simplesmente por vê-la, nem sempre podemos vir a conhecer alguma coisa simplesmente por ouvir o testemunho de alguém a seu respeito.

Reid também fez algumas considerações em apoio a seu cenário contrário a Hume. Em particular, ele recorreu ao que considerava serem fatos sobre nossa psicologia para defender dois princípios gerais sobre como transmitimos e adquirimos nossas crenças. De acordo com o primeiro, o chamado **princípio de credulidade**, somos naturalmente dispostos a confiar em outros e a acreditar no que eles nos dizem. De acordo com o segundo, o chamado **princípio de veracidade**, somos naturalmente inclinados a falar a verdade e a não mentir. Com esses princípios em mente, Reid argumentou que nossa psicologia é tal que o testemunho geralmente é confiável (conforme o princípio de veracidade) e que estamos, de todo modo, naturalmente inclinados a confiar no testemunho (conforme o princípio de credulidade).

Agora, alguém poderia pensar que Hume e Reid estão argumentando sobre coisas diferentes, no sentido de que Hume está falando sobre como devemos construir nossas crenças com base no testemunho, ao passo que Reid está meramente descrevendo como, de fato, construímos nossas crenças com base no testemunho. Então, por exemplo, Hume pode muito bem aceitar que de fato tendemos a confiar na palavra de outros (conforme o princípio de credulidade) e que tendemos a falar a verdade (conforme o princípio de veracidade) e, ao mesmo tempo, afirmar que ainda assim não devemos confiar na palavra de outros e devemos procurar uma base independente para confiar no testemunho (especialmente quando esse testemunho diz respeito a um acontecimento inacreditável, como a existência de um milagre).

Uma boa maneira de ilustrar esse ponto é considerar o que Reid diz sobre como as crianças adquirem suas crenças. Aqui está:

> Se a credulidade fosse o resultado do raciocínio e da experiência [*como Hume afirma*], deveria crescer e reunir força na mesma proporção que a razão e a experiência o fazem. Mas, se é o dom da Natureza, será mais forte nas crianças, e limitada e restringida

pela experiência; e a observação mais superficial da vida humana mostra que este é o caso, e não aquele. (1764: cap. 6, §24, 195)

O ponto de Reid é que, se a maneira como Hume trata o testemunho estivesse correta, seria um mistério o modo como as crianças adquirem suas crenças. O caminho da criança rumo ao conhecimento, ao que parece, é por meio da confiança nos mais velhos, e não procurando uma base independente para confiar no testemunho de outros antes de aceitar esse testemunho.

Mas devemos ter cuidado aqui. Que as crianças possam confiar corretamente na palavra de outros é, em princípio, consistente com o que Hume esboça. Em particular, Hume concordaria que, embora as crianças possam ser praticamente obrigadas a confiar nos mais velhos, o que é importante, de um ponto de vista epistemológico, é que adultos maduros normais sejam circunspectos sobre o testemunho que recebem. De igual maneira, embora possa ser verdadeiro que geralmente estejamos dispostos a dizer a verdade – uma afirmação que, por sinal, é corroborada pela psicologia cognitiva moderna, a qual desenvolveu maneiras de mensurar o estresse causado pelo ato de mentir –, é possível, no entanto, que o engano por um testemunho seja ainda frequente o bastante para justificar a necessidade de ser cético em relação à evidência do testemunho, pelo menos quanto à evidência de um testemunho que não seja nosso.

Autonomia intelectual:
Hume e Kant *versus* Reid

Este é um bom momento para introduzir Kant neste debate. Kant estava preocupado em articular os princípios norteadores que definem o Iluminismo, e ele o fez de maneira a efetivamente apoiar Hume neste debate. Kant diz:

Iluminismo é a saída do homem da sua menoridade de que ele próprio é culpado. A menoridade é a incapacidade de se servir do entendimento sem a orientação de outrem. [...] *Sapere aude!* Tem a coragem de te servires do teu próprio entendimento! Eis a palavra de ordem do Iluminismo.

(1784/1990: 54)

Kant, portanto, considera um elemento essencial do pensamento iluminista que um indivíduo possa confiar em seus próprios recursos intelectuais em vez de confiar na palavra de outro. Em particular, Kant argumentou que o caminho para o iluminismo requeria ser cético em relação ao testemunho no sentido em que Hume esboçou, de modo a sempre buscar uma base independente para confiar na palavra de outro, em vez de aceitar tal palavra como verdade absoluta.

Para Kant, ser cético em relação ao testemunho é uma parte essencial da autonomia intelectual e, portanto, de ser autônomo de um modo geral. Isto é, ser autônomo é determinar racionalmente o próprio destino em vez de tê-lo ditado por outros. Ser intelectualmente autônomo, em particular, é decidir por nós mesmos em que devemos acreditar, em vez de meramente confiar na palavra de outros, como especialistas (por exemplo, autoridades religiosas). Determinar por nós mesmos em que devemos acreditar inevitavelmente requer que sejamos céticos em relação ao testemunho, em vez de aceitá-lo na confiança. Kant, portanto, fica ao lado de Hume e contra Reid nessa questão, e considera o ceticismo geral em relação ao testemunho, como Hume defende, um elemento central do espírito iluminista de iniciativa intelectual do indivíduo.

Observe que Kant não está afirmando que o indivíduo iluminista deva ter crenças que são muito diferentes das crenças das pessoas à sua volta (embora possam ser), mas apenas que ele deve "deter" essas crenças intelectualmente, ainda que sejam lugar-comum. Isto é, a autonomia intelectual não requer que formemos uma crença contrária à de todos à nossa volta (embora talvez, na prática, demande isso), mas significa que não podemos acreditar no que acreditamos *só porque* os outros à nossa volta acreditam – em vez disso, devemos formular a base epistêmica para acreditar nisso de uma maneira que seja satisfatória desde nossa própria perspectiva intelectual. Autonomia intelectual é, portanto, uma espécie de "posse" epistêmica das crenças que temos (isto é, em oposição a meramente ter as crenças porque alguém nos ensinou), assim como autonomia de modo mais geral envolve endossar os valores básicos da própria vida em vez de simplesmente aceitar esses valores de outros (que, observe, é consistente com endossar os mesmos valores que os das pessoas à sua volta – a autonomia pode levá-lo a ter valores diferentes aos daqueles à sua volta, ou não).

O debate epistemológico contemporâneo sobre o testemunho

O debate epistemológico que observamos aqui em relação ao testemunho continua vivo na filosofia contemporânea. Grosso modo, o debate hoje se divide entre dois campos, conhecidos como **reducionismo** e antirreducionismo (às vezes chamado **credulismo**).

    O primeiro campo se inspira em Hume e defende a importância de ter uma base não testemunhal adequada para aceitar declarações de testemunhos. É por isso que essa visão é conhecida como reducionismo, visto que, em sua forma mais estrita, requer que um indivíduo sempre baseie suas crenças adquiridas via testemunho em evidências não testemunhais, e, nesse sentido, o testemunho é "reduzido" a fontes não testemunhais. Então, por exemplo, segundo essa visão, é adequado aceitar o testemunho de alguém se você tiver um histórico de experiência da confiabilidade dessa pessoa sobre o assunto testemunhado.

Em um sentido, portanto, você não está baseando suas crenças no testemunho do informante, e sim na sua experiência pessoal de sua confiabilidade.

O desafio enfrentado pelo reducionismo é explicar por que não acabamos carecendo de grande parte do conhecimento testemunhal que consideramos ter. Afinal, como observado anteriormente, para uma boa parte das crenças que adquirimos via testemunho carecemos de algum tipo de base não testemunhal para ter essas crenças (isto é, só acreditamos no que acreditamos porque isso foi o que nos disseram). Então, por que o reducionismo não leva a uma forma de ceticismo em relação ao conhecimento testemunhal?

O segundo campo se inspira em Reid e enfatiza a importância de confiar em outros e em sua palavra como um caminho para o conhecimento. Os credulistas podem facilmente evadir o problema cético enfrentado pelo reducionismo, já que, segundo essa visão, o conhecimento testemunhal é muito mais fácil de se adquirir. O problema que essa teoria enfrenta é explicar por que confiar nos outros não é simplesmente uma receita para a tolice. Dito de outra forma, se o conhecimento testemunhal pode ser adquirido mesmo na ausência de evidências não testemunhais, por que, então, devemos pensar que essa é uma forma genuína de conhecimento?

Resumo do capítulo

- Conhecimento testemunhal é o conhecimento que adquirimos via testemunho de outros. Em sua forma típica, isso simplesmente envolve alguém nos dizendo o que sabe, mas também podemos adquirir conhecimento testemunhal de outras maneiras mais indiretas, como ao ler o testemunho de outros (em um livro como este, por exemplo).

- Grande parte daquilo em que acreditamos depende do testemunho de outros. Além disso, é difícil conceber como poderíamos verificar, por nós mesmos, grande parte do que nos foi dito via testemunho, já que tal verificação envolveria recorrer a outras de nossas crenças baseadas em testemunho, e, portanto, seria um processo circular.
- David Hume sustentava que o testemunho costuma ser uma fonte muito convincente de evidências e uma em que instintivamente somos inclinados a confiar. Entretanto, Hume também defendia que temos um instinto de esperar que as leis da natureza continuem intactas. Se um milagre é uma violação de uma lei da natureza, casos de testemunho de milagres colocam esses dois instintos em conflito. Hume afirmou que, na prática, é extremamente improvável que o testemunho de um milagre seja de tão boa qualidade e venha de testemunhas desinteressadas em número suficiente para tornar provável que o milagre tenha ocorrido.
- Ao contrário de Hume, Reid argumentou que devemos confiar nos testemunhos do mesmo modo que confiamos em nossos sentidos – isto é, de maneira tal que em ambos os casos possamos basear nossas crenças nas fontes sem requerer uma base epistêmica independente. Para isso, Reid enfatiza características relevantes de nossa psicologia, em particular que somos naturalmente inclinados a dizer a verdade e a acreditar naquilo que nos dizem. Mas vimos que essas considerações são controversas nesse contexto, já que Hume pode, consistentemente, admitir para Reid que nós, de fato, construímos nossas crenças testemunhais dessa maneira e, ainda assim, alegar que não devemos fazê-lo.
- Vimos que Kant efetivamente ficou ao lado de Hume nesse debate, argumentando que o espírito do Iluminismo era buscar nossa própria base intelectual para sustentar nossas crenças (isso é o que descrevemos como autonomia intelectual).

- Observamos que o debate histórico sobre testemunho que examinamos neste capítulo continua vivo na filosofia contemporânea como parte do debate entre o *reducionismo* e o *credulismo*. O reducionismo afirma que precisamos ser capazes de oferecer embasamento não testemunhal para nossas crenças baseadas em testemunhos para que estas sejam justificadas. Enfrenta o problema de explicar por que isso não mina grande parte do conhecimento testemunhal que consideramos ter. Já o credulismo argumenta que, pelo menos em certas ocasiões, meramente confiar na palavra de outros pode levar a conhecimento testemunhal. Essa visão enfrenta o problema de explicar por que crenças adquiridas dessa maneira contam como conhecimento genuíno.

Questões para estudo

1. O que é testemunho na concepção dos filósofos? Dê alguns exemplos de crenças que você tem que se baseiam em testemunhos e alguns exemplos de crenças que você tem que não se baseiam em testemunhos. Em cada caso, explique por que a base para a crença em questão é testemunhal ou não testemunhal.
2. Por que não podemos simplesmente acreditar em tudo que nos dizem (isto é, em todos os casos de testemunho que nos são apresentados)? Como isso poderia nos levar ao engano?
3. Por que poderia ser problemático nos recusarmos a construir nossas crenças com base em testemunhos? Como isso poderia nos limitar?
4. Por que o testemunho de milagres cria uma tensão entre nossas crenças, de acordo com Hume?
5. Como Hume propõe que essa tensão seja resolvida?
6. Hume acreditava que um milagre poderia ser objeto de um testemunho convincente?

7. Hume acreditava que um milagre alguma vez fora objeto de um testemunho convincente?
8. Hume está correto ao afirmar que, quando avaliamos um testemunho, precisamos levar em consideração a confiabilidade não só da testemunha como também dos acontecimentos sendo testemunhados?
9. Na discussão anterior entre Hume e Reid é traçada uma distinção entre o modo como nós, de fato, formamos nossas crenças testemunhais e o modo como devemos formar essas crenças. Verifique se você entende essa distinção. Tente dar um exemplo para ilustrá-la.
10. O que Kant quer dizer quando afirma que a autonomia intelectual é essencial para o Iluminismo?
11. Tente explicar brevemente, com suas próprias palavras, a visão reducionista e a credulista sobre a epistemologia do testemunho, e por que alguém poderia endossar essas visões. Qual delas é preferível na sua opinião?

Leitura complementar introdutória

Lackey, J. (2011) "Testimonial Knowledge", capítulo 29 de Bernecker, S.; Pritchard, D. H. (Orgs.) *The Routledge Companion to Epistemology*, Londres: Routledge. (Um panorama completo e atualizado sobre as principais questões epistemológicas em relação ao testemunho.)

Pritchard, D. (2013) *What Is This Thing Called Knowledge?*, 3. ed., Londres: Routledge. (O capítulo 8 oferece um panorama muito acessível das principais questões relacionadas com a epistemologia do testemunho.)

Pritchard, D.; Richmond, A. (2012) "Hume on Miracles" in Bailey, A.; O'Brien, D. (Orgs.) *The Continuum Companion to Hume*, Londres: Continuum, p. 227-244. (Um panorama bem acessível de algumas das questões relacionadas com os escritos de Hume sobre milagres e sobre testemunhos de modo geral, bem como com a relevância desses escritos para o debate epistemológico contemporâneo sobre testemunho.)

Leitura complementar avançada

BUCHAN, J. (2003) *Capital of the Mind: How Edinburgh Changed the World*, Edimburgo: Birlinn. (Um relato útil sobre a influência de Edimburgo no Iluminismo.)

COADY, C. A. J. (1992) *Testimony: A Philosophical Study*, Oxford: Clarendon Press. (Este é o texto clássico sobre a epistemologia do testemunho, que defende uma abordagem credulista. De fácil leitura (embora, talvez, não exatamente introdutório), com seções que aplicam a domínios específicos – como o testemunho jurídico – a explicação de testemunho oferecida.)

COADY, D. (2012) *What to Believe Now: Applying Epistemology to Contemporary Issues*, Chichester: Wiley-Blackwell. (Uma abordagem contemporânea provocadora da epistemologia do testemunho, que foca na relevância desta para questões presentes no debate contemporâneo (por exemplo, o debate sobre mudança climática).)

FOGELIN, R. J. (2003) *A Defense of Hume on Miracles*, Princeton, NJ: Princeton University Press. (Apresenta a visão de Hume sobre os milagres de maneira detalhada e favorável.)

HUME, D. (1748/2013) *Investigação sobre o entendimento humano.* Trad. Artur Morão. Lisboa: Edições 70. (O capítulo 10 contém o argumento original de Hume em relação ao testemunho e à crença em milagres.)

KANT, I. (1784/1990) "Resposta à pergunta: Que é Iluminismo?" In: _____. *A paz perpétua e outros opúsculos.* Trad. Artur Mourão. Lisboa: Edições 70. (Há uma porção de boas traduções deste texto para o inglês disponíveis gratuitamente na internet, tais como esta tradução de Mary C. Smith hospedada no site da Universidade Columbia, www.columbia.edu/acis/ets/CCREAD/etscc/kant.html.)

REID, T. (1764/2013) *Investigação sobre a mente humana segundo os princípios do senso comum*. São Paulo: Vida Nova. (O capítulo 6, seção 24, contém o argumento original de Reid a favor de confiar em testemunhos.)

Referências on-line

ADLER, J. (2012) "Epistemological Problems of Testimony" in ZALTA, E. (Org.) *Stanford Encyclopedia of Philosophy* [enciclopédia on-line], http://plato.stanford.edu/entries/testimony-episprob/. (Esta é uma introdução extraordinária e de alto nível à epistemologia do testemunho, escrita por um dos especialistas na área. Inclui muitos detalhes sobre os debates nessa área e uma lista abrangente de referências a outros artigos que pode ser útil.)

GREEN, C. (2008) "Epistemology of Testimony" in DOWDEN, B.; FIESER, J. (Orgs.) *Internet Encyclopedia of Philosophy* [enciclopédia on-line], www.iep.utm.edu/e/ep-testi.htm. (Um levantamento abrangente e muito recente das questões relacionadas com a epistemologia do testemunho. Não recomendado para iniciantes.)

MORRIS, W. E. (2009) "Hume" in ZALTA, E. (Org.) *Stanford Encyclopedia of Philosophy* [enciclopédia on-line], http://plato.stanford.edu/entries/hume/. (Um panorama útil da obra de Hume.)

YAFFE, G.; NICHOLS, R. (2009) "Reid" in ZALTA, E. (Org.) *Stanford Encyclopedia of Philosophy* [enciclopédia on-line], http://plato.stanford.edu/entries/reid/. (Um panorama excelente e atualizado da obra de Reid.)

6. As teorias científicas são verdadeiras?

Michela Massimi

Introdução

Este capítulo o introduz a uma área da filosofia chamada **filosofia da ciência**. A filosofia da ciência toma a ciência como tema e foco principal. A ciência pode ser o ponto de partida para uma variedade de reflexões filosóficas, pelo menos de duas maneiras diferentes.

1. Podemos fazer perguntas como: o que é ciência? O que é considerado conhecimento científico? Como nossas teorias científicas rastreiam a natureza?
2. Podemos fazer perguntas mais específicas sobre ramos específicos da ciência (física, química, biologia, medicina, psicologia, economia e assim por diante). Por exemplo, podemos querer saber qual é a natureza do espaço-tempo, de acordo com nossas melhores teorias físicas atuais. Ou como classificamos as espécies biológicas e como devemos pensar sobre elas. Ou quão eficazes são os ensaios controlados aleatórios para estudar novas drogas na medicina, e assim por diante.

A filosofia da ciência, entendida de maneira ampla, abrange ambos os tipos de perguntas, embora o segundo tipo de pergunta faça parte do escopo de ramos específicos da filosofia da ciência, como filosofia da física, filosofia da biologia, filosofia da medicina, entre outros.

Os filósofos da ciência pretendem lidar com questões fundamentais e conceituais importantes sobre ciência dedicando-se à prática científica propriamente dita e também à história da ciência. Às vezes, responder a uma pergunta como "Qual é a natureza do espaço-tempo?" requer dedicar-se aos detalhes da teoria da relatividade tanto quanto aos da metafísica, isto é, o ramo da filosofia que lida com a questão de o que existe (por exemplo, devemos pensar no espaço como uma substância?). Outras vezes, responder a uma pergunta como "Quão eficazes são os ensaios controlados aleatórios para estudar novas drogas na medicina?" requer conhecer os detalhes da prática científica tanto quanto da epistemologia, isto é, o ramo da filosofia que lida com questões gerais sobre o conhecimento.

Mas há, ainda, outras vezes em que uma resposta adequada a algumas das perguntas fundamentais e conceituais sobre ciência requer não só saber os detalhes da ciência atual como também conhecer a história da ciência. Com frequência, podemos compreender melhor certas questões conceituais observando de que modo o campo científico em questão evoluiu ao longo dos séculos, que desafios enfrentou e como os resolveu. Essa maneira específica de lidar com algumas das questões relevantes sobre ciência recebe o nome de história e filosofia da ciência (ou, para abreviar, HFC). Apesar do que o nome poderia sugerir, a HFC é mais do que uma mera junção da filosofia da ciência e da história da ciência. Em vez disso, a HFC é uma maneira específica de lidar com questões filosóficas sobre ciência examinando a história da ciência, bem como a prática científica atual.

Neste capítulo, eu seguirei uma abordagem da HFC para lidar com a questão: "As teorias científicas são verdadeiras?". Essa pergunta se enquadra no tipo (1) exposto antes, já que não examinaremos teorias científicas específicas (por exemplo, teoria da relatividade ou mecânica quântica) ou áreas científicas específicas (por exemplo, física *versus* biologia). Em vez disso, faremos uma pergunta geral sobre de que modo a ciência e nossas teorias científicas rastreiam a natureza, por assim dizer. Ao abordar a questão sobre nossas teorias científicas serem verdadeiras, discutirei brevemente um episódio famoso na história da ciência: a transição da astronomia de Ptolomeu para a de Copérnico e a defesa que Galileu Galilei faz desta última. Usarei esse episódio para ilustrar duas visões filosóficas principais, conhecidas como **realismo científico** e **antirrealismo científico**. Apresentarei essas duas visões e analisarei brevemente o episódio histórico. Então, discutirei o realismo científico: teremos uma ideia clara do que essa visão significa, e explicarei o principal argumento a favor do realismo científico (o chamado argumento do milagre). Depois, observaremos em mais detalhes a segunda visão, o antirrealismo científico – ou melhor, uma versão proeminente deste, chamada **empirismo construtivo**. Por fim, na última seção, consideraremos duas famosas objeções realistas ao empirismo construtivo.

Duas grandes tradições: um breve histórico

Imagine uma noite estrelada, com o céu tão limpo que é quase possível contar o número de estrelas e observar a olho nu alguns dos planetas em nosso sistema solar. Agora, imagine que você observa o céu por muitas noites seguidas, por um período de meses, e suponha que você é meticuloso o bastante para registrar em uma folha de papel as posições dos corpos celestiais visíveis em relação às estrelas, de sua perspectiva. Provavelmente, o que você vai observar, se seguir uma espécie de jogo de ligar os pontos, é que os planetas visíveis se locomovem ao longo dos meses em relação ao que – a olho nu – parecem ser "estrelas fixas" no fundo. Mas o movimento dos planetas que você possivelmente observa não segue uma linha reta. Em vez disso, o jogo de ligar os pontos logo revelaria que os planetas parecem se mover em linha reta até certo ponto e então se curvar, formando um pequeno laço, e continuar a se mover por uma linha reta. Esse fenômeno tem um nome: é chamado movimento retrógrado dos planetas. O que o explica? Bem, depende de que teoria astronômica você considera; mas também depende – de uma maneira mais sutil – do que entendemos ser o objetivo da astronomia (e da ciência, de maneira geral). Então, qual é o objetivo da ciência? Há duas grandes tradições que devemos considerar aqui.

De acordo com a primeira tradição, o objetivo da ciência (em nosso exemplo, o objetivo da astronomia) é ser precisa, nos proporcionar uma boa descrição e uma boa análise das evidências disponíveis em determinado campo de investigação. Em síntese, queremos que nossa teoria científica (em nosso exemplo, nossa teoria astronômica) explique os fenômenos disponíveis (incluindo a trajetória anômala dos planetas que acabamos de observar e registrar meticulosamente). Os filósofos da ciência cunharam uma expressão para a ideia genérica de "explicar os fenômenos": eles dizem que queremos que nossas teorias científicas sejam capazes de **salvar os fenômenos**. A expressão vem do grego antigo e, literalmente, significa "salvar as aparências". Portanto, podemos pensar que as teorias científicas – a astronomia, por exemplo – nos fornecem hipóteses (isto é, suposições que ainda não foram comprovadas nem por bases teóricas, nem por bases experimentais) e podemos esperar que essas hipóteses se encaixem ou correspondam às aparências disponíveis, sem necessariamente ter de ser verdadeiras sobre essas aparências, ou nos contar uma história verdadeira sobre como elas aconteceram, quais poderiam ser suas causas ou como seria o mecanismo físico subjacente. Veremos, na próxima seção, que os antigos astrônomos gregos, por exemplo, formularam a hipótese de epiciclos e deferentes para salvar o fenômeno do movimento retrógrado dos planetas.

De acordo com a segunda tradição, o objetivo da ciência é não só salvar os fenômenos como também nos dizer a verdade sobre os fenômenos. Mas o que é verdade? Por "verdade", os filósofos da ciência querem dizer que a teoria científica entende as coisas corretamente, ou, ainda, que o que a teoria diz sobre os fenômenos (por exemplo, o que a teoria diz sobre as causas dos fenômenos e seus mecanismos físicos subjacentes) *corresponde* ao modo como as coisas realmente são na natureza. Podemos pensar na verdade como uma relação de correspondência entre o que a teoria científica afirma sobre, por exemplo, o movimento retrógrado dos planetas e como exatamente este ocorre na natureza. Muitas vezes, contar uma história verdadeira sobre determinado fenômeno requer criar hipóteses sobre a existência de alguns objetos científicos (por exemplo, partículas, forças), que podem se mostrar elusivos não só ao olho humano como também à detecção via dispositivos de software sofisticados. No exemplo que escolhemos, contar uma história verdadeira sobre o movimento retrógrado dos planetas como um movimento ilusório (devido às diferentes velocidades dos planetas em relação à Terra, nosso ponto de observação, que também gira em torno do Sol), precisaríamos introduzir a força gravitacional como causa do movimento orbital e esclarecer o mecanismo físico subjacente para o movimento planetário.

Há uma distinção importante entre os fenômenos (por exemplo, o movimento retrógrado dos planetas) e as entidades científicas subjacentes (por exemplo, a força gravitacional) que podemos apresentar para contar uma história verdadeira sobre os fenômenos e seu mecanismo subjacente. A distinção não corre exatamente em paralelo com aquela entre aparências e realidade, mas quase. Por ora, consideremos que os fenômenos significam todas as evidências disponíveis (apresentarei uma distinção mais detalhada sobre fenômenos *observáveis* ao discutir o empirismo construtivo de Van Fraassen, p. 151-157). E consideremos que entidades científicas se referem a coisas como força gravitacional, neutrinos, elétrons, bactérias, filamentos de DNA e assim por diante. Estas são introduzidas pelas teorias científicas com o propósito de contar uma história verdadeira sobre os fenômenos. Por exemplo, a entidade em questão pode agir como causa dos fenômenos. Ou então pode estar envolvida no mecanismo que provoca os fenômenos, ou algo similar.

A primeira tradição, que concebe o objetivo da ciência como sendo o de salvar os fenômenos, recebe o nome de antirrealismo científico. A segunda tradição, que considera a verdade o objetivo supremo da ciência, é conhecida como realismo científico. Ambas as tradições foram defendidas no decurso da história da ciência. A primeira, mais notadamente, na astronomia da Grécia antiga; a segunda se tornou o marco da revolução científica de Galileu Galilei.

Da astronomia de Ptolomeu à astronomia de Copérnico

A teoria astronômica dominante na antiga Grécia era a astronomia ptolomaica. Ptolomeu foi um astrônomo greco-romano no século II a.C., cujo tratado astronômico *Almagesto* teve enorme influência nos séculos seguintes. Baseando-se na física aristotélica, a astronomia ptolomaica concebia o cosmos como organizado e estruturado em uma série de conchas orbitais, ao longo das quais os planetas (inclusive o Sol, que na época era considerado um planeta) giram em torno da Terra. Esta era a hipótese astronômica mais simples para o movimento planetário: a Terra parecia estar parada no centro do cosmos, com todos os outros corpos celestiais girando ao seu redor, de acordo com as observações e evidências disponíveis. Mas a hipótese requeria alguns ajustes para explicar fenômenos anômalos, como o movimento retrógrado dos planetas. Para "salvar esse fenômeno", a astronomia ptolomaica teve de introduzir um complexo sistema de círculos, no qual cada planeta se movia por uma órbita circular chamada epiciclo, cujo foco, por sua vez, ia girando por uma órbita circular maior chamada deferente. Ao assumir que os planetas se moviam por epiciclos e deferentes, a astronomia de Ptolomeu foi capaz de salvar o fenômeno do movimento retrógrado. Mas os astrônomos ptolomaicos estavam cientes de que seu sistema complexo de epiciclos e deferentes era apenas uma hipótese astronômica para salvar os fenômenos.

No início do século XX, o filósofo francês Pierre Duhem escreveu um livro breve, mas iluminador, intitulado *Salvar os fenômenos* (Duhem 1908/1984), em que ele oferecia sua própria interpretação da história das teorias físicas de Platão a Galileu. Duhem afirmou que, durante séculos, desde a época de Ptolomeu, o objetivo da astronomia era fornecer hipóteses que correspondessem às evidências disponíveis, sem afirmar que fossem verdadeiras. De fato, os antigos astrônomos sabiam muito bem que poderia haver mais de uma hipótese compatível com a mesma evidência. Duhem chamou isso de "método do astrônomo". Considerando essa tradição, não é de se admirar que, quando em 1543 o livro de Copérnico, *De revolutionibus orbium coelestium* [*As revoluções das esferas celestiais*], foi publicado, a revolucionária hipótese heliocêntrica foi apresentada de maneira muito modesta como apenas mais uma hipótese (embora promissora) para salvar os fenômenos.

Apesar do tom discreto da carta dedicatória, Copérnico não disfarçou sua crença na superioridade de sua teoria astronômica em comparação com as hipóteses fictícias de seus predecessores. Mas Copérnico morreu no mesmo ano em que seu livro foi publicado, e um prefácio anônimo acompanhou o livro, cuidadosamente redigido por Andreas Osiander, que mitigou o espírito da obra de Copérnico ao apresentá-la como apenas mais um exercício na velha tradição astronômica de salvar os fenômenos. Não é de admirar que a publicação do livro de Copérnico não tenha incitado as autoridades religiosas até quase meio século mais tarde, quando Galileu Galilei ousou lançar por terra essa visão da astronomia como empenhada em *salvar os fenômenos* e afirmar que a astronomia copernicana representava a verdade dos céus.

No verão de 1609, Galileu construiu seu primeiro telescópio, seguindo tentativas similares nos Países Baixos. Seu primeiro telescópio rudimentar foi usado como instrumento naval em Veneza para avistar barcos que chegavam ao porto. Alguns meses depois, um telescópio aperfeiçoado e mais potente foi apontado para a Lua e revelou montanhas e crateras que Galileu descreveu belamente em *O mensageiro das estrelas*. Era uma evidência inequívoca de que os corpos celestiais eram muito similares ao planeta Terra em sua natureza, com o devido respeito à tradição aristotélico-ptolomaica. Mas descobertas ainda mais incríveis estavam por vir: em janeiro de 1610, Galileu observou o que pensou serem quatro estrelas perambulando ao redor do planeta Júpiter (isto é, os satélites de Júpiter) e, em dezembro daquele mesmo ano, ele conseguiu observar fases no planeta Vênus (similares às fases lunares), o que era impossível, de acordo com o sistema ptolomaico. Era o triunfo do copernicanismo. Convencido pelas novas evidências experimentais, Galileu abraçou as ideias de Copérnico não só como uma hipótese que poderia salvar as aparências, mas como uma verdade física que ele acreditava também poder ser conciliada com as verdades religiosas contidas na Bíblia. Esse foi o início da disputa de Galileu com a igreja, e o resto hoje é história.

Mas, de uma perspectiva filosófica, o que importa para nossos propósitos é que Galileu defendeu o que Duhem chamou habilmente de "método do físico" em oposição ao "método do astrônomo". Para Galileu, a astronomia (e toda disciplina científica) deve rastrear a natureza e entender as coisas corretamente, e não conceber hipóteses matemáticas e artifícios que poderiam meramente salvar os fenômenos. Galileu pode ser considerado o precursor da visão de que a ciência deve nos contar uma história *verdadeira* sobre a natureza e revelar a verdade sobre os fenômenos em questão via demonstrações matemáticas e princípios indubitáveis. A metodologia científica de Galileu não é apenas o marco da revolução científica, que acabou por trazer o fim da astronomia ptolomaica. Para nossos propósitos filosóficos neste capítulo, Galileu está, historicamente, na intersecção entre duas tradições filosóficas rivais sobre o objetivo da ciência. Ele foi o primeiro a se afastar da tradição de *salvar os fenômenos* e favorecer uma nova visão da ciência segundo a qual esta se dedica a nos contar uma história *verdadeira* sobre a natureza. Independentemente de nossa própria opinião sobre o objetivo da ciência (salvar as aparências *versus* a verdade), os avanços científicos que se tornaram possíveis graças às descobertas de Galileu permanecem inquestionáveis em qualquer um dos lados desse dissenso filosófico. De fato, o dissenso não é sobre as descobertas ou conquistas de Galileu, e sim sobre o que consideramos que sejam os objetivos da ciência. Nas próximas duas seções, analiso cada uma dessas tradições filosóficas.

Realismo científico e o argumento do milagre

Os realistas científicos afirmam que o objetivo da ciência é nos dar teorias (seja a astronomia copernicana, a mecânica newtoniana ou qualquer outra teoria em qualquer outro campo de pesquisa) que, uma vez *interpretadas literalmente, acreditamos* serem *verdadeiras*. Precisamos esclarecer essa definição, já que há pelo menos três aspectos distintos envolvidos nela (Psillos 1999; Chakravartty 2011; Ladyman 2002: cap. 5).

Em primeiro lugar, o que significa, aqui, "interpretadas literalmente"? A intuição é que devemos levar as teorias científicas ao pé da letra. Em outras palavras, devemos entender e interpretar a *linguagem* da teoria *literalmente* como se referindo a objetos e entidades no mundo real, não importa quão inobserváveis ou elusivas à detecção essas entidades possam ser. Esse é o *aspecto semântico* implícito na definição anterior de realismo científico. Por exemplo, se nossa teoria científica fala sobre força gravitacional e somos realistas sobre a teoria, devemos entender que o termo "força gravitacional" se refere a, ou especifica, uma força real na natureza. Se nossa teoria postula uma partícula chamada neutrino e somos realistas científicos, devemos entender que o termo "neutrino" identifica uma partícula real. O *aspecto semântico* garante que a linguagem da teoria científica seja interpretada como mapeando objetos reais na natureza, e os termos teóricos se referem a entidades reais (quer sejam observáveis ou não observáveis).

O outro aspecto importante na definição anterior é capturado pela palavra "*acreditamos* serem verdadeiras". O realismo científico nos intima a acreditar que nossas melhores teorias científicas são verdadeiras. Essa é uma afirmação sobre em que devemos acreditar no que concerne à ciência; como tal, captura um importante *aspecto epistêmico*. A intuição é que sempre que aceitamos uma teoria científica nos comprometemos a acreditar nela. Mais precisamente, nos comprometemos a acreditar que a teoria é verdadeira, e não falsa; verdadeira, e não apenas útil; verdadeira, e não apenas matematicamente elegante, ou simples, ou conveniente etc. Então, mais uma vez, o que é *verdade*?

Aqui tocamos um terceiro aspecto importante na definição de realismo científico, um *aspecto metafísico*. Eu disse antes que uma teoria é verdadeira se, grosso modo, entende as coisas da maneira correta; se corresponde a situações no mundo. Mas o que *isso* significa? A intuição metafísica, aqui, é que o que a teoria diz sobre seu objeto de pesquisa específico é capaz de ser verdadeiro ou falso, e o que o torna verdadeiro ou falso não é algo relacionado conosco, ou com nossa linguagem, ou com nossa mente, ou com nossos conceitos, ou com nossas percepções. É algo relacionado com o *mundo* propriamente dito, e com o modo como o mundo é, independentemente de nós e do que pensamos sobre o mundo. Mesmo que Copérnico jamais tivesse existido e mesmo que tivéssemos desenvolvido uma história científica completamente diferente da que desenvolvemos, ainda seria verdade que os planetas orbitam o Sol. Esse é um fato sobre a natureza que é independente de nós, de nossa mente, de nossa linguagem, de nossos conceitos. Essa é a intuição *metafísica* por trás do realismo científico. Mais uma vez, considere como exemplo a astronomia copernicana. Ser realista sobre a astronomia copernicana significa que você endossa as seguintes afirmações:

1. Há questões factuais sobre os planetas e o movimento planetário que *independem da mente* (isto é, elas não dependem, de forma alguma, de nós, de nossa mente, de nossos conceitos etc.) – esse é o *aspecto metafísico*;
2. A linguagem da nossa teoria e seus termos teóricos (por exemplo, "planetas", "movimento planetário" e assim por diante) identificam objetos na natureza – esse é o *aspecto semântico*;
3. O que quer que a teoria diga sobre esses objetos (por exemplo, "os planetas orbitam o Sol) é verdadeiro, ou aproximadamente verdadeiro – esse é o *aspecto epistêmico*.

Eu acrescentei a qualificação "aproximadamente verdadeiro" porque é importante evitar uma causa comum de confusão. Os realistas científicos não são dogmáticos nem ingênuos a ponto de afirmar que a ciência nunca se equivoca. É claro, há erros na ciência. A astronomia copernicana afirmava que os planetas perfaziam órbitas circulares, e Kepler provou que na verdade as órbitas são elípticas, por exemplo. A mecânica newtoniana albergava a ideia de que a força gravitacional estava atuando a uma distância entre os corpos celestiais, ao passo que a teoria da relatividade explica a força gravitacional em termos de como o tensor massa-energia molda e dobra o espaço-tempo. Os realistas científicos diriam que estes são dois exemplos de progresso científico, em que uma teoria posterior na ciência madura substituiu uma teoria anterior, modificando ou corrigindo alguns dos detalhes relevantes. Deveríamos dizer, então, que a astronomia de Copérnico ou a mecânica de Newton eram falsas? Não tão depressa, diriam os realistas. Em vez disso, parece mais apropriado dizer que essas teorias anteriores eram *aproximadamente* verdadeiras: entenderam as coisas de maneira parcialmente correta, parcialmente errada, até que foram substituídas por teorias *melhores*, que têm mais probabilidade de ser verdadeiras. A verdade é o objetivo final da pesquisa; e a ciência, como um todo, está avançando rumo a ela. É com isso que o realismo científico está comprometido.

O leitor atento, neste ponto, reclamará que só apresentei uma definição de realismo científico. Mas qual o argumento a seu favor? Por que alguém deveria ser realista científico? A defesa filosófica mais proeminente do realismo científico é chamada de argumento do milagre. Foi originalmente formulada pelo filósofo Hilary Putnam (1978) e afirma que devemos ser realistas sobre a ciência porque o realismo científico é a única filosofia que não faz da eficácia da ciência um milagre. O ponto de partida do argumento é uma observação, difícil de negar, de que a ciência se mostrou *eficaz* ao longo do tempo. Suponhamos que todos concordamos com essa observação. O realista, então, nos convida a pensar em uma *explicação* para a eficácia da ciência: por que temos teorias que falam sobre força gravitacional, ou neutrinos, ou outras entidades não observáveis, e entendem as coisas da maneira correta? Como podemos fazer previsões com base nessas teorias, e nossas previsões se mostram corretas na maior parte das vezes? Como Copérnico poderia prever as fases de Vênus, apesar do céu encoberto da Polônia, se sua teoria não fosse verdadeira? Você captou a essência do argumento do milagre.

O argumento diz que devemos ser realistas sobre a ciência porque, se não fôssemos – se os planetas não girassem em torno do Sol, e se o termo "planeta" não designasse um objeto real, e se o que o copernicanismo nos diz sobre o movimento planetário não fosse aproximadamente verdadeiro –, seria simplesmente um milagre que o copernicanismo tenha se mostrado tão eficaz em prever as fases de Vênus que Galileu observou, entre outros fenômenos. O mesmo se pode dizer da mecânica newtoniana e da teoria da relatividade: se o termo "força gravitacional" não se referisse a uma força real na natureza, se o que a mecânica newtoniana diz sobre a força gravitacional não fosse aproximadamente verdadeiro, então seria um milagre, ou uma coincidência fortuita, termos uma teoria que fala de atração gravitacional e prevê corretamente uma ampla gama de fenômenos. Para sintetizar, o realismo científico parece ser a visão mais plausível se queremos ser capazes de explicar e entender por que temos uma ciência inegavelmente eficaz. As teorias científicas devem ser verdadeiras, ou ficariam sujeitas a milagres e coincidências cósmicas fortuitas.

Uma variedade de antirrealismo científico: o empirismo construtivo de Bas van Fraassen

Mas é isso? Devemos realmente acreditar que as teorias científicas são verdadeiras para explicar o tremendo sucesso da ciência? O antirrealista não ficará impressionado com o argumento acima. O antirrealismo científico assume várias formas. Há, de fato, pelo menos três principais variedades de antirrealismo, correspondendo aos três diferentes aspectos do realismo científico que se poderia rejeitar.

Em primeiro lugar, poderíamos rejeitar o *aspecto metafísico* do realismo científico, e negar que há fatos sobre os movimentos planetários, as forças gravitacionais, os neutrinos ou qualquer outro objeto *independentemente de nós*. Negar que há fatos sobre a natureza que não dependem da mente é típico de dois tipos de antirrealismo (entre outros): o **construtivismo** e o **relativismo conceitual**. Os construtivistas afirmam que os objetos de pesquisa científica são, em certa medida, construções humanas ou sociais e, como tais, não gozam do status metafísico que o realismo científico parece atribuir a eles de bom grado. Os construtivistas levam a sério as lições que parecem vir dos estudos da ciência sobre os aspectos sociopolíticos da pesquisa científica e o modo como estes definem e influenciam os resultados da pesquisa. Os relativistas conceituais, por outro lado, não chegam a afirmar que os objetos científicos são construções humanas; mas, assim como os construtivistas, também negam o *aspecto metafísico* de um mundo independente da mente. Eles insistiriam que não existe um mundo pronto e que os fenômenos científicos dependem, em certo sentido, de nossos conceitos ou aparatos conceituais, mudando conforme estes mudam – por exemplo, após uma revolução científica.

Em segundo lugar, poderíamos rejeitar o *aspecto semântico* na definição de realismo científico. Embora menos popular que a opção anterior, o *antirrealismo semântico* encontra sua expressão em duas visões principais. A primeira pode ser chamada de **empirismo lógico**, ao afirmar que a linguagem da ciência pode ser claramente dividida em um vocabulário teórico e um vocabulário observacional, onde o primeiro abrange todos os termos teóricos que se referem a entidades não observáveis (por exemplo, "neutrino", "força gravitacional" e assim por diante) e é, em última instância, redutível ao vocabulário observacional. A segunda forma de antirrealismo semântico, o **instrumentalismo**, é a visão de que não devemos levar a linguagem científica ao pé da letra e que não importa que objetos os termos teóricos de nossa teoria estão identificando (por exemplo, poderíamos usar o termo teórico "luz", sem nos comprometermos com a visão de que o termo se refere a ondas eletromagnéticas mais do que a feixes de fótons).

Há, ainda, uma terceira variedade de antirrealismo, que, sem questionar o aspecto metafísico ou semântico do realismo científico, minimiza o *aspecto epistêmico*. Essa visão é conhecida como empirismo construtivo e vem sendo promovida nos últimos 23 anos pelo filósofo da ciência norte-americano Bas van Fraassen. É a essa teoria que quero dedicar minha atenção no restante desta seção, já que, possivelmente, tem sido a concorrente mais séria no debate entre o realismo e o antirrealismo nas últimas décadas.

O que é, então, empirismo construtivo? Os empiristas construtivos concordam com o realista científico em relação a que devemos levar as teorias científicas ao pé da letra e interpretar a linguagem da ciência literalmente. Eles também concordam com o realista científico no que se refere ao aspecto metafísico, isto é, que há fatos no mundo e objetos e entidades que existem independentemente da mente. Mas os empiristas construtivos afirmam, ao contrário dos realistas, que as teorias não precisam ser verdadeiras para ser boas. Ou melhor, eles afirmam que aceitar uma teoria científica não implica *acreditar* que a teoria seja *verdadeira*. Em vez disso, aceitar uma teoria implica, apenas, a *crença* de que a teoria é *empiricamente adequada*. Portanto, para o empirismo construtivo, o objetivo da ciência não é a verdade (ou a verdade aproximada), e sim a adequação empírica. Mais precisamente, "a ciência visa a nos proporcionar teorias que sejam empiricamente adequadas; e a aceitação de uma teoria envolve apenas uma crença de que esta é empiricamente adequada" (van Fraassen 1980: 12).

A adequação empírica, por sua vez, é definida em termos de como nossos modelos científicos se adaptam ou correspondem às evidências disponíveis. Ecoando (grosso modo) o que Duhem chamou de "método do astrônomo", os empiristas construtivos contemporâneos não concebem a ciência como uma atividade dedicada a fornecer um relato verdadeiro sobre a natureza. Em vez disso, afirmam que ainda podemos fazer justiça à ciência, e à eficácia e ao progresso científico, sem ter de introduzir o pressuposto adicional de que as teorias são verdadeiras. Por que a verdade é um pressuposto adicional? Alguém poderia assinalar que há muitos exemplos de teorias científicas passadas que se acreditava que fossem verdadeiras e que se mostraram falsas (da teoria calórica, no fim do século XVIII, segundo a qual os fenômenos térmicos eram explicados em termos de uma substância chamada "calórica", para a teoria do éter no século XIX, em que se presumia que o éter fosse o meio para os fenômenos ópticos e eletromagnéticos). Uma objeção antirrealista contundente afirma que, assim como teorias passadas se mostraram falsas, não há garantia alguma de que nossas melhores teorias atuais não venham a se mostrar igualmente falsas. Essa objeção é conhecida como metaindução pessimista. Não foi originalmente formulada por empiristas construtivos, mas pode ser usada por eles como um argumento a favor da verdade de nossas teorias científicas, bem como por qualquer outro antirrealista para desafiar a suposta eficácia da ciência. Portanto, se existe uma maneira alternativa de entender o sucesso científico, que não recorra à crença arriscada de que as teorias são verdadeiras (considerando que elas podem vir a se mostrar falsas), muito melhor para a ciência! Afinal, a verdade talvez não seja necessária para explicar a eficácia da ciência, com o devido respeito ao argumento do milagre. Ou pelo menos é o que argumenta o empirista construtivo. Precisamos, então, esclarecer de que modo a **adequação empírica** seria uma alternativa viável à verdade.

Van Fraassen (1980: 12) define uma teoria como empiricamente adequada se o que a teoria diz sobre as coisas e os acontecimentos observáveis no mundo é verdadeiro; em outras palavras, uma teoria é empiricamente adequada se salva os fenômenos. A referência ao velho adágio "salvar os fenômenos" não é acidental. Como Duhem, Van Fraassen também defende uma forma de *empirismo* ao afirmar que o conhecimento científico deve se restringir ao nível das aparências ou dos fenômenos observáveis, coisas que podemos ver e experimentar a olho nu, sem um comprometimento adicional com entidades não observáveis. À diferença de Duhem, entretanto, van Fraassen tem uma visão mais articulada de como se espera que a sociedade salve os fenômenos ou correlacione as evidências disponíveis. Como sugere o adjetivo "construtivo" em empirismo construtivo, van Fraassen vê um importante elemento de construção atuando na pesquisa científica, especialmente no modo como os cientistas constroem modelos que devem ser adequados aos fenômenos. As teorias científicas podem, de fato, ser consideradas famílias de modelos, pelas quais modelos teóricos mais elevados são construídos e concebidos para salvar fenômenos que podem aparecer no nível inferior de modelos de dados. Como definir modelos de dados, como construir modelos teóricos e como entender a maneira particular pela qual Van Fraassen concebe o processo de "adequar" modelos teóricos a modelos de dados (onde os fenômenos podem aparecer) é uma história longa e complexa, e requereria repassar a vasta literatura sobre modelos científicos – algo que não tenho espaço para fazer neste capítulo (ver Morgan e Morrison 1999; Frigg e Hartmann 2012). Aqui, é suficiente dizer que van Fraassen é parte de uma tendência maior na filosofia da ciência contemporânea que enfatiza o papel central dos modelos científicos e como esses modelos podem ser úteis e explicativos sem necessariamente fornecer uma representação perfeitamente verdadeira do sistema almejado. Em vez disso, quero retomar brevemente o componente empirista na visão de van Fraassen e esclarecer em que esta difere do realismo científico. Como o conhecimento científico pode se restringir ao nível das aparências ou dos fenômenos observáveis, sem compromissos adicionais com entidades não observáveis? Como a adequação empírica pode ser uma séria concorrente da verdade em nossa concepção do objetivo da ciência?

Os empiristas construtivos nos instam a estabelecer uma distinção clara entre o observável e o não observável. Uma teoria é empiricamente adequada se salva todos os fenômenos observáveis (e não só os efetivamente observados) no passado, no presente e no futuro. Um fenômeno é observável se puder, em princípio, ser observado por nós a olho nu. Considere, por exemplo, as luas de Júpiter. É verdade, Galileu precisou de um telescópio para observá-las. Mas, sob o critério de observabilidade de Van Fraassen, as luas de Júpiter contam, em princípio, como observáveis porque, em princípio, é possível, para nós, *vê-las* a olho nu (por exemplo, os astronautas podem subir em uma espaçonave e observá-las de perto). Considere agora um neutrino, ou um elétron, um pedaço de filamento de DNA, uma bactéria ou outra entidade similar. Não há maneira de obtermos uma visão não assistida de nenhuma dessas entidades, isto é, sem o uso de microscópios mais ou menos potentes (a não ser recorrendo a algum cenário de ficção científica e nos imaginando capazes de encolher a um tamanho liliputiano para ter um close-up de alguma dessas entidades). Neutrinos, elétrons, filamentos de DNA, bactérias e assim por diante são considerados *não observáveis*.

Mas, certamente, a grande maioria das entidades científicas parece ir muito além do escopo de fenômenos observáveis segundo a concepção de Van Fraassen. Quão séria é a adequação empírica, assim definida, como uma alternativa à busca dos realistas pela verdade? Os empiristas construtivos têm um argumento contundente em sua defesa da adequação empírica como o objetivo final da ciência. Com efeito, eles afirmam que podem entender perfeitamente por que temos a ciência incrivelmente eficaz que temos em termos de nossas teorias serem empiricamente adequadas. Van Fraassen (1980: 39) forneceu o que ele chama de reformulação "darwiniana" do argumento do milagre, pela qual o sucesso da ciência atual não é um milagre nem uma coincidência fortuita. As teorias científicas surgem em uma vida de competição feroz e só as eficazes sobrevivem, isto é, aquelas que se atêm a regularidades concretas na natureza e salvam os fenômenos! A seleção natural aplicada às teorias científicas significa que as teorias que mostram ter as consequências observáveis erradas fracassam e são descartadas, ao passo que as teorias que salvam os fenômenos observáveis prosperam e se mostram adaptativas para a sobrevivência. Nós abandonamos a teoria calórica e a teoria do éter não porque elas fossem necessariamente falsas (isto é, não existe algo como o éter ou o calórico como entidade não observável), e sim porque elas não salvaram os fenômenos observáveis. Por exemplo, a teoria do éter ficou conhecida por não ser compatível com as evidências vindas do experimento de Michelson-Morley em 1887. A teoria calórica entrava em conflito com os experimentos da roda de pás de Joule dos anos 1840 sobre a permutabilidade entre trabalho mecânico e energia térmica. A adequação empírica é tudo de que precisamos para explicar a eficácia da ciência. A verdade é um pressuposto adicional desnecessário e potencialmente arriscado.

Duas objeções realistas a Van Fraassen

Devemos, então, desistir do realismo científico e abraçar o empirismo construtivo? Nos últimos vinte anos, ganhou corpo uma literatura considerável (ver Churchland e Hooker 1985; Monton 2007) que, de várias maneiras, atacou a distinção entre observável e não observável, considerando-a insustentável, arbitrária ou questionável do ponto de vista epistêmico. A visão de Van Fraassen foi o foco de um debate acalorado e deixou uma marca significativa na filosofia da ciência. Nesta última seção, examino de forma sucinta duas famosas réplicas realistas apresentadas pelo empirismo construtivo.

Em primeiro lugar, uma resposta à reformulação darwiniana do argumento do milagre (Lipton 2004: 193; Kitcher 1993: 156). Alguém poderia responder que a visão darwiniana do argumento do milagre deixa o realismo científico ileso. Uma coisa é explicar por que somente as teorias eficazes sobrevivem. Outra coisa é explicar por que uma teoria é eficaz, para começar. Suponha que você quer explicar por que Alice, e não Sarah, foi aceita no curso de graduação em Filosofia da Universidade de Edimburgo, e sua explicação é que apenas os candidatos com três As em seus exames finais têm acesso a uma vaga em Edimburgo. Bem, essa poderia ser uma explicação darwiniana de por que apenas alguns alunos têm acesso a uma vaga em Edimburgo (isto é, aqueles com três As em seus exames finais). Mas ainda não explica por que Alice teve acesso à vaga (e Sarah não) se o que estamos procurando é, em última instância, uma explicação de por que Alice (mas não Sarah) tirou três As nos exames finais (por exemplo, Alice pode ser mais talentosa ou aplicada do que Sarah; ou Alice pode ter recebido um preparo melhor do que Sarah, ou melhores oportunidades de estudo do que Sarah, e assim por diante). Que somente teorias empiricamente adequadas sobrevivam não mostra por que a teoria X (em vez da teoria Y) obteve o necessário para sobreviver – é o que os realistas responderiam a Van Fraassen. O que queremos saber é o que torna a teoria X (mas não a Y) adaptativa para a sobrevivência. E, aqui, parece que temos de recorrer novamente ao realismo ao dizer que X é adaptativa para a sobrevivência porque é verdadeira, porque o que a teoria diz sobre entidades observáveis, e também sobre *entidades não observáveis*, é verdadeiro. A capacidade de salvar os fenômenos, como critério adaptativo para a sobrevivência, deve ser, em última instância, atribuída ao fato de a teoria ser verdadeira (do contrário, como seria capaz de salvar os fenômenos se não por milagre ou casualidade?). Assim, seria possível afirmar que a observação darwiniana de Van Fraassen sobre o argumento do milagre não invalida o realismo científico.

A segunda réplica ataca a distinção de Van Fraassen entre observáveis e não observáveis, assinalando que o caminho inferencial que leva aos não observáveis é o mesmo que leva aos observáveis não observados. Considere as muitas maneiras pelas quais um objeto perfeitamente observável segundo os critérios de observabilidade de Van Fraassen (isto é, a olho nu) ainda assim passa inobservado (ver artigo de Churchland in Churchland e Hooker 1985). Às vezes, os objetos podem passar inobservados porque (A) estão muito distantes no tempo (no período jurássico, por exemplo) ou muito distantes no espaço (na galáxia de Andrômeda). Ou podem passar inobservados porque (B) são muito pequenos (por exemplo, neutrinos) ou muito débeis para ser detectados (por exemplo, radiação cósmica de fundo como evidência para o Big Bang). O que torna os objetos que se enquadram na categoria (A) diferentes dos objetos que se enquadram na categoria (B)? O realista insistiria que não há justificativa suficiente, mesmo nas próprias fontes de Van Fraassen, para traçar uma distinção clara entre os casos do tipo (A) e os casos do tipo (B). Em particular, o realista insistiria que o modo como passamos a *inferir* a existência de objetos que, embora perfeitamente observáveis, podem ainda assim passar inobservados por causa de (A), por exemplo, dinossauros no período jurássico, ou estrelas na galáxia de Andrômeda, é exatamente *o mesmo modo* pelo qual inferimos a existência de objetos que são inobserváveis por causa de (B), por exemplo, neutrinos e radiação cósmica de fundo.

Considere os dinossauros no período jurássico, ou espécies marinhas extintas como os trilobitas na era paleozoica. Nenhum de nós jamais viu um dinossauro ou um trilobita. Mas acreditamos que houve um período histórico em que dinossauros e trilobitas povoaram o globo porque os paleontólogos acumularam evidências fósseis suficientes para reconstruir o esqueleto e fazer inferências sobre a vida, os hábitos alimentares e até mesmo a causa de extinção desses animais. Mas, assim como os fósseis fornecem evidências para espécies hoje extintas, seria possível argumentar que os detectores de neutrinos fornecem evidências para os neutrinos, e que o Grande Colisor de Hádrons fornece evidências para o bóson de Higgs, e assim por diante. O caminho inferencial que leva ao neutrino ou ao bóson de Higgs não observáveis é exatamente idêntico ao caminho inferencial que leva a trilobitas ou dinossauros observáveis porém não observados. Esse caminho inferencial é chamado de **inferência para a melhor explicação** (ou IME).

De acordo com esse padrão de inferência, inferimos a hipótese que, se verdadeira, forneceria a melhor explicação das evidências disponíveis (Lipton 2004). Portanto, inferimos a existência de artrópodes marinhos como os trilobitas porque essa é a melhor explicação para as evidências fósseis. De maneira similar, inferimos o bóson de Higgs como a melhor explicação para as evidências vindas do Grande Colisor de Hádrons. Em ambos os casos, escolhemos entre uma gama de hipóteses explicativas concorrentes aquela que consideramos a melhor, isto é, aquela que – se verdadeira – forneceria uma explicação mais completa das evidências disponíveis. A inferência para a melhor explicação é uma ferramenta muito poderosa na vida cotidiana (quando inferimos que um rato morando na cozinha é a melhor explicação para o desaparecimento das migalhas no chão) e também em diagnósticos médicos e na ciência de modo geral.

Os realistas científicos recorrem a esse tipo de inferência para responder a Van Fraassen que temos razões para acreditar em entidades não observáveis (tanto quanto em entidades observáveis) como a melhor explicação para as evidências disponíveis, e, como tal, não há qualquer argumento convincente para restringir nossas crenças a fenômenos observáveis.

O debate entre realistas científicos e empiristas construtivos deixou uma marca profunda na filosofia da ciência dos últimos trinta anos. Alguns filósofos sentem que o debate chegou a um impasse e que novas formas de realismo precisam ser exploradas para abordar os desafios mencionados. Está além do escopo deste capítulo examinar as alternativas disponíveis atualmente. O que espero ter deixado claro é que os debates sobre os objetivos da ciência foram centrais para o desenvolvimento da nossa história da ciência e continuam a ser a melhor fonte de inspiração para os filósofos da ciência contemporâneos.

Resumo do capítulo

- A filosofia da ciência é o ramo da filosofia que lida com problemas conceituais e questões fundamentais oriundas da ciência.

AS TEORIAS CIENTÍFICAS SÃO VERDADEIRAS?

- Um debate importante e contínuo na filosofia da ciência diz respeito ao objetivo da ciência: de que trata a ciência? Qual é o objetivo da pesquisa científica? Nós identificamos duas tradições principais nesse debate: o realismo e o antirrealismo científico.
- O realismo científico considera a verdade o objetivo final da ciência. Os cientistas visam a oferecer teorias que, uma vez interpretadas literalmente, acreditamos ser verdadeiras. Identificamos três aspectos principais na definição do realismo científico: um aspecto metafísico, um aspecto semântico e um aspecto epistêmico.
- O principal argumento a favor do realismo científico é o argumento do milagre, que diz que o realismo científico é a única filosofia que não faz da eficácia da ciência um milagre ou uma coincidência fortuita.
- Identificamos diferentes variedades de antirrealismo, dependendo de qual dos três aspectos mencionados na definição de realismo científico é minimizado. Focamos nossa atenção em uma variedade, conhecida como empirismo construtivo.
- O empirismo construtivo considera a adequação empírica (e não a verdade) o objetivo final da ciência. Uma teoria científica é empiricamente adequada se o que diz sobre coisas e acontecimentos observáveis no mundo é verdadeiro. Em outras palavras, uma teoria é empiricamente adequada se salva os fenômenos.
- Em nome da adequação empírica como objetivo final da ciência, o empirismo construtivo nos intima a suspender a crença em entidades não observáveis (por exemplo, neutrinos, filamentos de DNA etc.) sob a justificativa de que não precisamos acreditar nelas para explicar o sucesso da ciência – podemos, em vez disso, oferecer uma explicação "darwiniana" para tal sucesso (com o devido respeito ao argumento realista do milagre).

- Finalmente, consideramos duas respostas realistas ao empirismo construtivo. A primeira desafia a reformulação darwiniana do argumento do milagre. A segunda invoca a inferência para a melhor explicação como o caminho inferencial característico que leva a crenças em entidades não observáveis tanto quanto em observáveis não observadas, como dinossauros e trilobitas.

Questões para estudo

1. Explique, com suas próprias palavras, quais poderiam ser os objetivos da ciência e dê um exemplo de cada um tirado da história da ciência.
2. O que é realismo científico? Em que consiste abraçar uma visão realista da ciência?
3. Considere o aspecto metafísico na definição de realismo científico. Você consegue explicar, com suas próprias palavras, por que devemos pensar nos objetos de pesquisa científica como existentes independentemente da mente?
4. Considere o aspecto semântico na definição de realismo científico. O que é um termo teórico? E o que a expressão "interpretar a linguagem da ciência literalmente" significa?
5. Considerando o aspecto epistêmico na definição de realismo científico, quando uma teoria científica é verdadeira ou aproximadamente verdadeira?
6. O que é empirismo construtivo? Por que é uma posição antirrealista?
7. Como o empirismo construtivo define "adequação empírica"? O que são considerados "fenômenos observáveis"?
8. Como um empirista construtivo pode explicar a eficácia da ciência? Você consegue pensar em um exemplo que possa ilustrar esse ponto?

9. Quão convincente você considera a distinção entre observáveis e não observáveis? Como esta pode ser defendida?
10. O que é inferência para a melhor explicação? Como ela atua no debate entre realistas e empiristas construtivos?

Leitura complementar introdutória

LADYMAN, J. (2002) *Understanding Philosophy of Science*, Nova York: Routledge. (Esta é uma excelente introdução à filosofia da ciência, e cobre o realismo científico no capítulo 5.)
PUTNAM, H. (1978) "What Is Realism?" in *Meaning and the Moral Sciences*, Londres: Routledge. (Aqui você encontrará a definição clássica de realismo científico e do argumento do milagre.)
PSILLOS, S. (1999) *Scientific Realism: How Science Tracks Truth*, Londres: Routledge. (Esta é uma monografia muito informativa sobre o realismo científico. Ver capítulo 4, para uma defesa do realismo científico; e o capítulo 9, para uma discussão crítica do empirismo construtivo.)
VAN FRAASSEN, Bas (1980) *The Scientific Image*, Oxford: Clarendon. (Esta monografia é um clássico neste debate. Ver especialmente o capítulo 2, para uma crítica do realismo científico; e o capítulo 3, para uma definição positiva de empirismo construtivo.)

Leitura complementar avançada

CHURCHLAND, P.; HOOKER, C. A. (Orgs.) (1985) *Images of Science*, Chicago: University of Chicago Press. (Esta é uma das primeiras antologias de ensaios críticos sobre o empirismo construtivo, com uma longa resposta de Van Fraassen.)
DUHEM, P. (1908/1984) "Salvar os fenômenos", trad. Roberto de Andrade Martins, in *Cadernos de História e Filosofia da Ciência*

(suplemento 3): 1-105. (Um livrinho excelente, que reconstrói a história da tradição empirista de salvar os fenômenos, da antiga Grécia a Galileu.)

KITCHER, P. (1993) *The Advancement of Science*, Nova York: Oxford University Press. (Uma monografia avançada em defesa do realismo científico. Ver, em particular, o capítulo 5.)

LIPTON, P. (2004) *Inference to the Best Explanation*, 2. ed., Londres: Routledge. (Este livro é uma defesa lúcida e certeira da inferência para a melhor explicação. Ver, especialmente, os capítulos 4 e 9.)

MONTON, B. (Org.) (2007) *Images of Empiricism*, Nova York: Oxford University Press. (Uma excelente antologia dos ensaios mais recentes sobre o empirismo construtivo de Van Fraassen, com uma resposta do próprio Van Fraassen.)

MORGAN, M.; MORRISON, M. (1999) *Models as Mediators*, Cambridge: Cambridge University Press. (Uma leitura imperdível para quem deseja se iniciar no tema de modelos científicos e como eles funcionam na ciência.)

Referências on-line

CHAKRAVARTTY, A. (2011) "Scientific Realism" in ZALTA, E. (Org.) *Stanford Encyclopedia of Philosophy* [enciclopédia on-line] http://plato.stanford.edu/entries/scientific-realism/.

FRIGG, R.; HARTMANN, S. (2012) "Models in Science" in ZALTA, E. (Org.) *Stanford Encyclopedia of Philosophy* [enciclopédia on-line] http://plato.stanford.edu/entries/models-science/.

MONTON, B.; MOHLER, C. (2012) "Constructive Empiricism" in ZALTA, E. (Org.) *Stanford Encyclopedia of Philosophy* [enciclopédia on-line] http://plato.stanford.edu/entries/constructive-empiricism/.

7. Viagem no tempo e metafísica
Alasdair Richmond

Introdução – por que filosofia da viagem no tempo?

Um dos temas centrais da filosofia é a metafísica, em que investigamos a natureza fundamental da realidade e questões relacionadas. Uma boa maneira de começar a entender algumas das questões centrais da metafísica é considerar um tema que é interessante, abrangente e cada vez mais popular. Então, por que, especificamente, **viagem no tempo**? Bem, há uma ampla (e fascinante) gama de questões metafísicas centradas no tempo: por exemplo, questões relacionadas à persistência e à identidade no decorrer do tempo, à passagem do tempo e até mesmo a se o tempo realmente existe ou não. Entretanto, este capítulo aborda um tema que lhe permitiria entender como os filósofos lidam com uma questão metafísica usando a análise lógica, e também uma questão que tem muito potencial para interação com a ciência: a filosofia da viagem no tempo. Além disso, por mais estranho que pareça, onde eu poderia ter dificuldade para oferecer uma definição sucinta e elegante do próprio tempo, graças ao trabalho do filósofo norte-americano **David Lewis** (1941-2001), posso oferecer uma definição um tanto elegante de *viagem* no tempo. (Ver a seguir...)

A viagem no tempo, seja como fonte de problemas na lógica, na metafísica ou na física, levanta algumas questões sérias e profundas. A definição de viagem no tempo com que trabalharemos vem de um filósofo (o citado David Lewis), mas é uma definição endossada pela física tanto quanto pela filosofia.

Considerar o tema da viagem no tempo poderia ajudar a guiar nossa compreensão de tempo, espaço, causalidade, identidade e liberdade, sem falar de leis da física, computação, cosmologia e o status do passado. Então, deixe-me enfatizar logo no início que nosso tema é viajar para outras épocas, seja no futuro, seja no passado. Algo assim seria possível? Se não, por que não? Se a viagem no tempo fosse possível, o que isso poderia implicar sobre o tempo, a liberdade e inclusive nós mesmos? Mas, antes de lidar com essas perguntas, consideremos a seguinte pergunta:

O que é viagem no tempo?

O melhor e mais famoso artigo filosófico sobre viagem no tempo até a data é "The Paradoxes of Time Travel" [Os paradoxos da viagem no tempo], de David Lewis. Lewis acreditava que é logicamente possível viajar no tempo, para frente ou para trás. O que isso significa? Lewis argumentou que alguns percursos de viagem no tempo podem ser descritos sem contradições – que (dito de outra forma) a viagem no tempo poderia acontecer em um mundo possível. (Talvez, porém, apenas em um mundo muito estranho – um mundo que difere, em muitos aspectos, do mundo em que pensamos viver.)

Observe, no entanto, que afirmar que a viagem no tempo é logicamente possível não é a mesma coisa que afirmar ser fisicamente possível, muito menos afirmar que acontece de fato. Esse é um ponto importante, porque o argumento de Lewis não se compromete de forma alguma com a viagem no tempo ser fisicamente possível ou tecnologicamente possível ou real. Poderíamos aceitar os argumentos de Lewis e ainda assim acreditar que a viagem no tempo não pode ocorrer. Conforme Lewis enfatiza, um mundo com viagens no tempo, mesmo se possível, poderia ser muito diferente do nosso.

Ainda assim, é algo notável que a viagem no tempo seja logicamente possível. Mostrar que algo é logicamente contraditório é uma ferramenta poderosa no arsenal do filósofo – uma coisa é fazer uma afirmação meramente equivocada do ponto de vista factual; outra coisa bem diferente é cair em contradição. Lewis oferece esta definição muito útil de viagem no tempo:

> O que é viagem no tempo? Inevitavelmente, envolve uma discrepância entre tempo e tempo. Todo viajante parte e então chega a seu destino; o tempo decorrido da partida à chegada (positivo ou, talvez, zero) é a duração da viagem. Mas, no caso de um viajante do tempo, o intervalo de tempo entre a partida e a chegada não é igual à duração da viagem.
>
> (1976: 145)

Então, de acordo com a definição de Lewis, a viagem no tempo requer uma distinção entre duas maneiras de registrar o tempo – o que chamaremos de **tempo pessoal** e **tempo externo**.

Tempo pessoal é o tempo conforme registrado pelo objeto que viaja e deve, portanto, refletir mudanças em todos os processos que viajam com o objeto. Desse modo, o relógio de um viajante, suas memórias acumuladas, cabelos grisalhos, processos digestivos, decomposição celular (etc.) podem todos ser registros de tempo pessoal. Mas observe: "tempo pessoal" *não* significa que somente pessoas podem viajar no tempo. A oxidação gradativa de um balde de ferro viajando no tempo seria um registro de tempo pessoal tão bom quanto qualquer outro. Além do mais, a viagem no tempo só ocorre se *todos* os processos que acompanham nosso viajante forem afetados – alguém *não* se torna um viajante do tempo simplesmente por dormir, hibernar ou quebrar o próprio relógio. Então, saltar de um fuso horário a outro não conta como viagem no tempo, assim como quebrar seu relógio ou fazer os ponteiros girarem para trás também não. (Afinal, fusos horários e ajustes de relógios são convencionais e artificiais.)

Tempo externo, por outro lado, é o tempo registrado no mundo, por processos como, por exemplo, o movimento das marés, a rotação da Terra, a Terra orbitando o Sol, a recessão das galáxias etc.

Então, a afirmação de Lewis é que, considerando uma distinção entre tempo externo e tempo pessoal, é no mínimo possível imaginar a **viagem para o futuro** e a **viagem para o passado**. Agora, este é o ponto crucial: se você não é um viajante do tempo, toda viagem que fizer terá a mesma duração e direção no tempo pessoal e no tempo externo. Mas, se você é um viajante do tempo, sua viagem será diferente no tempo pessoal ou no tempo externo.

Um percurso de viagem no tempo tem durações diferentes e/ou direções diferentes no tempo pessoal e no tempo externo.

Observe que o envelhecimento do viajante do tempo, suas memórias etc. variam conforme o tempo pessoal do viajante, mas não conforme o tempo externo; então, se você viajasse, por exemplo, para um tempo externo após a sua morte ou antes do seu nascimento, você não por isso deixaria de existir na chegada. Assim, você pode (em teoria) estar presente em tempos *externos* antes de ter nascido. O que, no entanto, você não pode fazer é estar presente em um tempo *pessoal* antes de ter nascido.

Para os que viajam para o futuro, o tempo pessoal da viagem tem a mesma direção que o tempo externo, mas duração diferente. Suponha que eu viajo de 2013 para 2163 em cinco minutos de tempo pessoal, conforme medido, por exemplo, pelo meu relógio e por minhas memórias. Então, segundo a definição de Lewis, eu viajei para o futuro – minha viagem levou cinco minutos no tempo pessoal, mas 150 anos no tempo externo. Um aspecto importante é que a possibilidade de viajar para o futuro parece ser um fenômeno profundamente arraigado em uma de nossas teorias físicas mais sólidas. A teoria especial da relatividade de 1905, de Einstein, prevê que tais fenômenos realmente ocorrem. Para verificar experimentalmente tal "dilação temporal", os físicos medem a meia-vida de uma partícula em repouso (por exemplo, um píon) e então verificam quanto tempo leva para esta se deteriorar quando em alta velocidade. O tempo de deterioração aumenta com a velocidade, exatamente como prevê a relatividade especial.

Agora, se eu tiver sorte, talvez tenha quarenta ou mesmo cinquenta anos de tempo pessoal pela frente. A relatividade especial diz que, se eu viajar rápido o bastante em relação ao sistema solar, posso fazer esse intervalo de quarenta ou cinquenta anos de tempo pessoal compreender dezenas ou centenas ou milhões ou mesmo bilhões de anos de tempo externo. De fato, contanto que eu viaje rápido o bastante, posso fazer meus quarenta anos de tempo pessoal se estenderem por toda a história futura do Sol. Então, a viagem para o futuro está profundamente arraigada na relatividade especial de Einstein, e décadas de resultados físicos bem corroborados sugerem que essas divergências de duração realmente ocorrem.

Para os que viajam para o passado, a viagem tem *direções diferentes* no tempo pessoal e no tempo externo. Suponha que eu viajo por cinco minutos de tempo pessoal, mas de 2013 a 1863. Aqui, minha viagem tem duração pessoal positiva (então, termina depois que começa para mim), mas duração externa negativa – minha viagem termina 150 anos externos *antes* de começar. Tal discrepância de direção entre tempo pessoal e tempo externo me levaria a viajar para o passado.

A viagem para o passado é mais especulativa, e se a física a permite é ainda muito controverso. A teoria geral de relatividade de 1918, de Einstein, parece prever que, sob certas circunstâncias (considerando uma quantidade ou densidade imensa de massa ou um movimento de massa imensamente rápido), é possível criar circunstâncias em que o tempo pessoal e o tempo externo divergem não só em duração como também em direção, possibilitando, assim, a viagem para o passado. Em 1949, o físico lógico e matemático austríaco **Kurt Gödel** (1903-1978) usou a teoria geral da relatividade para descrever um mundo onde é possível viajar entre quaisquer pontos no tempo e no espaço. Portanto, a teoria geral parece endossar o tipo de discrepância entre tempo pessoal e tempo externo que também constitui a viagem para o passado. A mecânica quântica também admite a possibilidade de viagem para o passado. No entanto, de um modo ou de outro não parece fácil, e, em 27 de maio de 2013, as perspectivas de uma viagem prática para o passado não são promissoras. (Sinto muito se alguém está decepcionado com esta conclusão – eu sei que estou –, mas devo lembrar que essa é a filosofia da viagem no tempo, e não um manual para construir máquinas do tempo.)

Considerando a distinção entre tempo pessoal e tempo externo, passamos do primeiro obstáculo no caminho para entender por que a viagem no tempo poderia ser logicamente possível. O foco principal, de agora em diante, é a viagem para o passado. Por que a viagem para o passado pareceria apresentar problemas lógicos? Como seria possível lidar com esses problemas? Essas perguntas nos levam para...

Os paradoxos do avô

O argumento clássico contra a possibilidade lógica de viagem no tempo recorre ao **paradoxo do avô**. Se você pudesse viajar para o passado, poderia (supostamente) viajar para um tempo antes de um de seus avôs se tornar pai e assassiná-lo, impedindo, assim, um de seus pais de existir e, portanto, impedindo a si mesmo de nascer. Então, se sua missão tivesse sucesso, você não estaria lá para realizá-la. Eis o paradoxo. Uma pessoa não pode existir e não existir ao mesmo tempo. (Como Lewis e muitos outros filósofos, assumiremos que a realidade deve ser consistente e que nada do que existe pode ser verdadeiramente descrito em contradições.)

Então, o argumento clássico contra a viagem no tempo é algo assim:

Premissa 1. Se é possível viajar para o passado, é possível criar situações contraditórias.
Premissa 2. Não é possível criar situações contraditórias.
Conclusão. Portanto, não é possível viajar para o passado.

Esse argumento é válido. Tem a forma lógica clássica de "*modus tollens*" (ou negação do consequente): "Se P então Q; não Q; portanto, não P". *Logicamente*, o argumento é impecável. No entanto, um argumento só garante a verdade de sua conclusão se for não apenas *válido* como também *sólido*, isto é, um argumento válido que contenha apenas premissas verdadeiras. Mas o argumento anterior é um argumento sólido? Lewis diz que não.

Lewis aceitaria a validade do argumento anterior, mas negaria sua solidez com a justificativa de que uma premissa é falsa. Em particular, a afirmação de Lewis é que, embora a premissa 1 seja verdadeira, a premissa 2 não é; portanto, o argumento não demonstrou que sua conclusão seja verdadeira. Embora Lewis de fato acreditasse que é impossível criar situações contraditórias, ele não aceitava que ser capaz de viajar para o passado tornaria possível a criação de situações contraditórias.

Central para o argumento de Lewis é a afirmação de que o argumento anterior precisa ser inequívoco sobre o que significa "possível" e, como Lewis enfatiza, o termo "possível" pode significar coisas diferentes de acordo com o contexto. Aqui, precisamos fazer um pouco de análise lógica sobre a noção de possibilidade e tentar explorar as diferentes maneiras pelas quais algo pode ser declarado possível. Lewis argumenta que, se os diferentes sentidos de possibilidade não forem mantidos claramente distintos, o resultado é a confusão, e que o argumento do paradoxo do avô é culpado, precisamente, de tal confusão.

A fim de avaliar o que os viajantes para o passado (ou, na verdade, qualquer outra pessoa) podem e não podem fazer, precisamos ter muita clareza sobre que senso de possibilidade temos em mente, e, em particular, precisamos considerar o que poderia ser possível em relação a um dado conjunto de fatos. Então, de onde surge o paradoxo? Por que o argumento do paradoxo do avô tem tal apelo? Lewis diz que é porque há uma ambiguidade já na primeira premissa do argumento: "Se é possível viajar para o passado, é possível gerar paradoxos". Bem, o que significa "possível"? Lewis diz que, para responder a essa pergunta adequadamente, precisamos da noção de algo ser *compossível*.

Os filósofos às vezes falam sobre **compossibilidade**, querendo dizer, com isso, a possibilidade relativa a certas situações, fatos ou circunstâncias. Essa noção de compossibilidade é originalmente atribuída a Gottfried Wilhelm Leibniz (1646-1716). Lewis escreve: "Dizer que algo pode acontecer significa que seu acontecimento é compossível com certos fatos. Que fatos? Isso é determinado, mas às vezes não muito bem determinado, pelo contexto" (1976: 143).

Como um experimento mental, considere o seguinte: eu não tenho problemas com nenhum dos meus avós (infelizmente, falecidos); então, para os propósitos desta discussão, presumo que estou em uma missão para eliminar da história alguém com quem tenho um problema: Adolf Hitler (1889-1945). Suponhamos que eu viaje de 2013 em uma missão para assassinar Hitler em Viena em 1908. Eu fiz minha lição de casa e acho que essa conjuntura na história apresenta as melhores chances de sucesso, isto é, os chamados "anos de fome" de Hitler, quando ele estava ganhando a vida como artista em Viena. Então eu ativo minha máquina e, daí em diante, momentos do meu tempo pessoal acontecem em momentos externos anteriores – especificamente, em 1908.

(Um aparte: se toda essa conversa de assassinato parece um pouco violenta demais, sinta-se livre para imaginar que estou em uma missão menos sanguinária rumo ao passado, por exemplo, tentando fazer uma mudança paradoxal na história ao comprar todas as pinturas de Hitler e levá-lo a passar o resto da vida como um pintor de paisagens medíocre. Evitar a carreira de Hitler como Füher envolveria, portanto, uma contradição com a história registrada, tanto quanto efetivamente assassiná-lo. Observe que os paradoxos não vêm em diferentes tamanhos – portanto, nenhuma de tais mudanças à história real pode ser "levemente" paradoxal" ou "um pouco" paradoxal.)

Suponhamos que eu possa viajar de 2013 para Viena em 1908. Minha missão pode ter sucesso? Bem, o que é considerado uma possibilidade varia com o conjunto de fatos considerados.

Há alguns fatos sobre a Viena de 1908 que são compossíveis com o sucesso, por exemplo, Hitler não é à prova de bala, minha arma está funcionando. No entanto, incluir um conjunto de fatos maior e mais inclusivo traz outros fatos que definitivamente não são compossíveis com meu sucesso, por exemplo, meu alvo não morre até 1945. Assumindo que a morte só acontece uma vez, eu não posso matar em 1908 alguém que morre em 1945. Mas o que é mais importante:

Eu ser incapaz de ter sucesso não é o mesmo que eu ser incapaz de tentar.

Conforme a análise de Lewis, a viagem para o passado é consistente (isto é, logicamente possível) se as consequências das ações de um viajante estão situadas na história de onde o viajante parte. Então, posso (logicamente, pelo menos) viajar de 2013 a 1908 contanto que tudo que eu faça em 1908 seja consistente com a história de onde eu venho.

Portanto, eu não posso fazer em 1908 nada que já não tenha acontecido na história de onde eu venho. Se eu avistar Hitler em 1908, parece haver uma garantia de fracasso. Mas esse fracasso pode assumir uma de muitas formas. Minha arma poderia emperrar, eu poderia espirrar, Hitler poderia se agachar para amarrar os cadarços, eu poderia ser atropelado por um bonde – *ou* eu poderia atirar em alguém que acredito ser Hitler, para então descobrir que atirei na pessoa errada.

Um exemplo de não viagem no tempo (adaptado de Lewis): eu falo gaélico (escocês)? Em certo sentido, sim: eu "tenho o necessário", na medida em que atualmente tenho uma laringe funcionando e aprendi pelo menos um idioma. Mas não me peça para recitar algo da rica herança de versos gaélicos da Escócia, porque em outro sentido, mais inclusivo, eu não falo gaélico – infelizmente, eu nunca aprendi suficiente gramática ou vocabulário. Eu falar gaélico é compossível com alguns fatos sobre mim, mas não com um cenário mais inclusivo. No entanto, não há paradoxo aqui, porque os sentidos relevantes de possibilidade variam de acordo com os fatos considerados.

Outro exemplo: posso parar de fumar? Bem, em certo sentido, sim – relativo a fatos como: há vários grupos de apoio para pessoas tentando parar de fumar, existem vários substitutos para a nicotina e eu me gabo de não ser totalmente desprovido de força de vontade. Até aqui, tudo compossível com eu parar de fumar. Mas há um problema *lógico* com eu parar de fumar: eu não posso *parar* de fumar porque acontece que eu não fumo. (E eu fumar é uma precondição lógica para eu ser capaz de parar de fumar.) Mas parar de fumar per se é, do ponto de vista lógico, perfeitamente viável e é também compossível com muitos fatos sobre mim – embora (crucialmente) não com todos eles.

Mais um exemplo: suponha que você tente construir um triângulo *euclidiano* com lados dos seguintes comprimentos: 3 centímetros, 4 centímetros e 5 centímetros. Isso é totalmente possível do ponto de vista lógico, embora, talvez, difícil de alcançar com perfeição na prática em um mundo acidentado como o nosso. Entretanto, nenhuma restrição física, e sim *lógica*, o proíbe de construir um triângulo euclidiano com lados com os seguintes comprimentos: 3 centímetros, 4 centímetros e 500 quilômetros. O terceiro comprimento de lado não pode ser combinado com os dos outros dois em um triângulo euclidiano. Mas não há nada logicamente estranho em triângulos. A tarefa de fazer triângulos seria logicamente realizável considerando quaisquer dois dos três comprimentos de lado anteriores, mas, infelizmente, o sucesso não é compossível com todos os três dos lados designados considerados em conjunto.

Lewis considera que a viagem para o passado é logicamente possível mesmo se houver apenas uma história. (Posteriormente, eu mencionarei viagem no tempo com muitas histórias.) Mais uma vez, isso não é o mesmo que afirmar que a viagem para o passado é *fisicamente possível* em uma única história. Talvez a viagem para o passado em uma única história seja logicamente possível, mas fisicamente impossível. (Como veremos, algumas pessoas defenderam uma ideia muito similar a essa conclusão.)

O que isso significa é que, no modelo de Lewis, a viagem para o passado ainda é logicamente possível, contanto que cada momento na história aconteça uma única vez. A viagem para o passado não requer que o mesmo momento aconteça repetidamente ou aconteça em diferentes versões paralelas – como se Viena conseguisse passar por 1908 sem a minha presença e então (de algum modo) eu viajasse para o passado e fizesse 1908 acontecer novamente, só que, desta vez, de um modo diferente, com a minha presença. Pensar que a viagem no tempo deve envolver tempos acontecendo "novamente" é um erro (surpreendentemente comum) que foi alcunhado por Nicholas J. J. Smith de "falácia da segunda vez".

É o seguinte: se viajantes vindos do futuro (ou do passado) não visitaram 1908, não há nada que épocas posteriores (ou anteriores) possam fazer para alterar esse fato. Mas, novamente, se viajantes do futuro estiveram presentes em 1908, também não há nada que épocas posteriores (ou anteriores) possam fazer para alterar *esse* fato. (Se eles estão lá, estão lá – se não estão, não estão. Essa última observação pode parecer óbvia, mas tem implicações profundas.)

Muito bem, você deve estar pensando, talvez a viagem para o passado seja logicamente possível contanto que a história à qual o viajante chegue seja consistente com a história da qual ele parta. Mas a análise de Lewis *pode* parecer sugerir que um viajante do tempo é completamente impotente no passado – limitando-se meramente a observar.

O que é pior, pareceria que a viagem no tempo só faz sentido se o viajante só está presente no passado como um fantasma totalmente impalpável, incapaz de afetar absolutamente qualquer coisa no passado. Mas essa ideia de "viajante fantasma" na verdade se apoia em outro equívoco...

Dois sensos de mudança

Pode parecer que, em nome da consistência, os viajantes do tempo no passado não devem ter poder algum. Ou, posto de outra forma, será mesmo que um viajante do tempo não pode mudar o passado sem criar paradoxos? Bem, assim como a noção de possibilidade precisa ser explorada para evitar ambiguidades, a noção de mudança também. Em certo sentido, um viajante do tempo pode mudar o passado – ou talvez, mais precisamente, em certo sentido um viajante pode ter um impacto sobre o passado.

Mudança é outro termo propenso à ambiguidade em contextos comuns. Para adaptar um ponto de Lewis, considere o que poderíamos chamar de **mudança de substituição** e **mudança contrafactual**.

Um exemplo de mudança de substituição: um vidro intacto cai sobre um chão de concreto e quebra. Então o vidro intacto é substituído por um monte de cacos de vidro. Objetos concretos sofrem mudanças de substituição o tempo todo. (Eu derramo meu café e uma caneca cheia é substituída por uma caneca vazia. Eu espirro e um quebra-cabeça completo é substituído por uma confusão de peças separadas. Você termina sua lição de casa e uma tarefa incompleta é substituída por uma concluída.) Há uma fase da história com um vidro intacto e então uma fase com um vidro quebrado. Mas observe que em nenhum lugar na história as fases intacta e quebrada estão sobrepostas.

Considere, agora, a noção um pouco mais rarefeita, mas na verdade um tanto familiar, de mudança contrafactual. Com a mudança contrafactual, nós avaliamos o impacto que algo causa considerando de que modo os acontecimentos teriam se desenrolado se algo não tivesse ocorrido. Uma contrafactual (às vezes chamada "condicional contrária ao fato") expressa uma relação de consequência tomando como antecedente algo que não aconteceu de fato – por exemplo, "se o motor de combustão interna não tivesse sido inventado, viajar no século XX seria muito mais lento". (Um exemplo mais mundano: se meu despertador não tivesse tocado no horário correto esta manhã, eu teria continuado dormindo.)

Outro exemplo: é amplamente aceito (principalmente pelo duque de Wellington) que o resultado da Batalha de Waterloo em 18 de junho de 1815 foi afetado de maneira crucial pela chegada de um exército prussiano sob o comando do marechal de campo Blücher. Suponha que seja verdade que sem a intervenção de Blücher as forças francesas teriam triunfado. Então podemos afirmar a condicional contrafactual "Se Blücher tivesse se atrasado, Napoleão teria ganhado". Claramente, a chegada de Blücher teve um impacto, ou, dito de outra forma, a chegada de Blücher mudou o curso da história. Mas mudou *de que maneira?* Não por substituição – não é como se houvesse apenas uma versão de 18 de junho de 1815 em que Napoleão venceu em Waterloo e então a aparição de Blücher (paradoxalmente) fez a vitória francesa desaparecer de modo que uma vitória aliada pudesse tomar seu lugar. Waterloo aconteceu apenas uma vez, terminando em uma vitória dos aliados, mas Blücher ainda mudou seus resultados.

Onde se encaixa a viagem no tempo em tudo isso? Bem, este é o ponto importante com relação à mudança: Lewis pensa que os viajantes no passado só mudam a história no sentido contrafactual, isto é, no sentido de que a história teria sido diferente se o viajante não estivesse presente.

Lewis pensa que os viajantes não podem fazer mudanças de substituição na história. Mas, ele diz, *ninguém* pode fazer uma mudança de substituição em *nenhum* momento na história, passado, presente ou futuro. Se inicialmente decido tomar café com meu almoço, para então mudar de ideia e optar por um chá de hortelã, eu não substituí um futuro "Alasdair toma café" por um "Alasdair toma chá de hortelã". Portanto, mudanças de substituição podem acontecer com objetos concretos, mas não podem acontecer com tempos. Entretanto, um viajante no passado pode causar um impacto contrafactual e, assim (em um sentido muito real e importante), mudar a história. (Observe, no entanto, que eu matar Hitler em 1908 seria uma mudança de substituição e, portanto, impossível.)

Muito bem, agora tentemos construir uma história de viagem no tempo na qual o viajante tem um impacto contrafactual (isto é, não de substituição) na história. Suponha que minha máquina do tempo chega à Viena de 1908 tão perto do meu alvo que minha chegada faz com que Hitler dê um pulo para trás, saindo do caminho de um bonde que, não fosse por isso, teria colocado um fim à sua vida. Nesse caso, eu teria causado um impacto na história, mas definitivamente não aquele que eu queria – em outras palavras, meu impacto poderia ser avaliado com a contrafactual "Se eu não tivesse viajado para o passado, Hitler teria morrido em 1908". Então, se essa sequência de eventos tivesse acontecido, eu teria sido (embora de maneira inconsciente e involuntária) parcialmente responsável pela ascensão de Hitler ao poder. Um pensamento muito preocupante para o aspirante a viajante do tempo... pode ser que você cause um impacto sobre o passado, mas seu impacto talvez não seja nem um pouco benéfico. Os viajantes não necessitam visitar o passado como fantasmas, mas como seres humanos concretos, vivos, respirando, totalmente reais.

Outro exemplo: suponha que agora eu viaje de volta a 1863 e depare com Lincoln. Lincoln está prestes a pronunciar as palavras mundialmente famosas do Discurso de Gettysburg, mas não está convencido de qual versão usar. Ele tem de escolher entre a versão famosa que a história registra e uma outra versão. E eu digo a ele: "Sr. Presidente, se me permite fazer uma sugestão: vá com a versão que começa com essas ótimas frases ressonantes sobre como esta nação foi concebida na liberdade – acredite, causará um grande efeito". E Lincoln segue meu conselho, e a outra versão do discurso é descartada. Mas suponha que, se eu não tivesse intervindo, Lincoln teria recitado uma versão diferente do Discurso de Gettysburg. Bem, claramente eu causei um impacto na história – a história é diferente em consequência dos meus esforços. Mas eu não *substituí* nada – eu não fiz uma versão do Discurso de Gettysburg desaparecer e outra versão tomar seu lugar. O Discurso de Gettysburg acontece uma vez, e apenas uma vez. Mas ainda assim eu mudei o curso da história.

Então, a lição desses exemplos é que os viajantes em uma única história podem ajudar a tornar o passado o que foi sem gerar paradoxos, contanto que seu impacto sobre acontecimentos passados seja contrafactual, e não um que envolva a substituição de acontecimentos passados.

Um alerta: quando Lewis diz: *todas* as consequências das ações do viajante estão situadas na história de onde o viajante parte, ele realmente quer dizer absolutamente *todas* as consequências – cada pedaço de grama percorrida, cada borboleta esvoaçante agitada, cada bactéria perturbada, cada refletância de luz defletida – absolutamente tudo. Portanto, observe que Lewis definitivamente *não* está dizendo "Tudo bem mudar o passado (por substituição), contanto que você só mude um pouquinho". Essa resposta (completamente ilógica) talvez funcione para a ficção, mas não para nós – nenhuma mudança de substituição a nenhuma época, jamais, em nenhum lugar na história, é a linha de Lewis. No entanto, você ainda assim pode afetar (isto é, mudar contrafactualmente) o passado.

Correndo o risco de me exceder em explicações, observe que, na análise de Lewis, presume-se que cada momento acontece uma única vez – quer haja viajante(s) do tempo presente(s), quer não. Portanto, mais uma vez, a sua simples presença em (por exemplo) 1908 não precisa fazer uma mudança de substituição na história. O fato de que você não pode transformar os acontecimentos passados em algo que eles não foram não significa que, portanto, você não possa causar um impacto sobre o passado.

Você talvez também esteja pensando: bem, como algo tão abstrato como a lógica *restringe* algo tão concreto como ações físicas? Com efeito, essa é uma boa pergunta, mas possivelmente se apoia em uma noção equivocada de restrição. É verdade, realmente parece estranho pensar em nossas ações como sendo restringidas pela lógica, mas alguns exemplos podem fazer com que isso pareça menos estranho. Por exemplo, você não pode tornar uma esfera maior do que ela mesma ou descobrir um número primo par maior do que dois. Igualmente, você não pode trissecar um triângulo usando apenas uma régua não graduada e um compasso. Podemos não nos sentir restringidos nesses casos, mas ainda assim não podemos realizar as tarefas descritas. Mais uma vez, talvez a lógica não tanto restrinja quanto simplesmente descreva as leis mais gerais que existem.

"Mas certamente", ouço você gritar, "isso não elimina os problemas apresentados pela viagem para o passado." De fato, não. O que nos leva a...

Ciclos causais

Há outro tipo de exemplo de viagem no tempo que apresenta problemas que não envolvem consistência, e sim informação e, especificamente, as origens dessa informação. Os casos em questão implicam o que chamaremos de **ciclos causais**.

Um ciclo causal é um tipo pouco comum de cadeia causal, a saber, uma cadeia de acontecimentos que volta para o passado de modo que um acontecimento é uma de suas próprias causas. (Observe que isso não é o mesmo que um ciclo de retroalimentação positivo, que envolve causalidade normal do início ao fim.)

Em um ciclo causal, um acontecimento se revela (pelo menos em parte) sua própria causa. Os filósofos muitas vezes sentiram que tais ciclos são filosoficamente intoleráveis. Talvez previsivelmente, Lewis discorda. Alguns exemplos de ciclos causais:

 Imagine que você viaja no tempo para 1588 levando consigo um exemplar das obras completas de Shakespeare impressas em 2013. Ao chegar, você conhece um jovem aspirante a ator, Will Shaxberd (como ele *talvez* se chamasse na época), e lê para Will os seguintes versos:

> Que obra-prima é o homem!
> Como é nobre em sua razão!
> Que capacidade infinita!
> Como é preciso e bem-feito em forma e movimento!*

Em suma, você lê para Will um grande solilóquio de *Hamlet*. (Especificamente, de *Hamlet*, ato II, cena 2.) Você, então, deixa Will copiar todo o conteúdo das *Obras completas* que trouxe consigo. Shaxberd (como era chamado) trata de que cópias de seu manuscrito circulem em companhias teatrais elisabetanas (talvez mudando seu nome para "Shakespeare", mais familiar). As peças se tornam populares, passam para o cânone do drama britânico e são reimpressas até que você obtém um exemplar das *Obras completas* em 2013, o que o leva de volta a 1588...

 Agora parece não haver nenhuma inconsistência aqui – nenhum paradoxo do avô ou "mudança de substituição" envolvidos –, mas ainda assim há algo estranho. Mesmo que esse caso seja consistente, alguém poderia perguntar: mas de onde vem a informação? Ou, dito de outra forma, quem escreveu *Hamlet* no exemplo imaginado?

 Aqui está outro exemplo (livremente adaptado de Lewis 1976): você está sentado em sua casa certa noite quando o telefone

---

* SHAKESPEARE, William (1603). *Hamlet*. Trad. Millôr Fernandes. Porto Alegre: L&PM, 2009. (N.T.)

toca. Você atende o telefone e ouve uma voz estranhamente familiar dizendo: "Não diga uma palavra. Anote estas instruções e siga-as ao pé da letra". As instruções são para construir e operar uma máquina do tempo. Você segue as instruções e a máquina o leva ao passado recente. Ao chegar, você telefona para seu próprio número e, quando uma voz estranhamente familiar atende, você diz para o ouvinte: "Não diga uma palavra. Anote estas instruções e siga-as ao pé da letra"...
Essa história, mesmo que admitamos ser consistente, levanta a questão: como você sabe construir uma máquina do tempo? Bem, seu eu mais recente sabe porque você se lembra de ouvir as instruções de seu eu anterior. Por sua vez, seu eu anterior sabe porque se lembra de ter sido instruído por seu eu posterior. Mas de onde vem essa informação inicialmente? Talvez surpreendentemente, a resposta de Lewis é: não há resposta. Ele diz:

> Seu eu anterior sabia porque seu eu posterior lhe havia dito e a informação fora preservada pelos processos causais que constituem o relato. Mas de onde veio a informação inicialmente? Por que a coisa toda aconteceu? Simplesmente não há resposta. As partes do ciclo são explicáveis; o todo, não.
>
> (1976: 140)

As instruções para construir uma máquina do tempo no caso de Lewis (ou no caso de *Hamlet*), em um sentido real, não "vêm" de lugar algum – simplesmente estão. Os ciclos causais parecem estranhos, mas não são piores, do ponto de vista da explicação final, do que qualquer outro tipo de cadeia causal.

Nós não temos uma explicação completa para qualquer sequência causal (fechada ou linear) e podemos simplesmente ter de aceitar a criação espontânea de informação em outros casos. Explicar a existência do ciclo inteiro pode ser muito diferente de explicar a existência de qualquer componente do ciclo. Ao que parece, uma cadeia causal poderia assumir apenas três formas possíveis:

1. Linear finita – cadeias causais que terminam em acontecimentos que são causas, mas que, eles próprios, não têm causas.
2. Linear infinita – cada acontecimento tem uma causa, e essas causas, por sua vez, têm causas, e assim por diante *ad infinitum*. A cadeia como um todo não tem um início.
3. Não linear finita – a cadeia se fecha em si mesma.

No primeiro caso, podemos apenas retomar a análise de nossa cadeia até o ponto antes de chegarmos a um acontecimento que seja uma causa, mas que, ele próprio, não tenha uma causa prévia. Os físicos levam muito a sério a ideia de que haja tais acontecimentos que surgem do nada, por exemplo, a emissão de partículas alfa ou mesmo o Big Bang, que trouxe este universo à existência. A própria cadeia não tem causa prévia para sua existência e, considerada como um todo, parece inexplicável. (Como afirma Stephen Hawking, perguntar o que veio antes do Big Bang é como perguntar o que fica ao norte do Polo Norte. Se você tenta se dirigir ao norte do Polo Norte, está se dirigindo para o sul.)

No segundo caso, podemos seguir a cadeia de causas literalmente *ad infinitum* (isto é, todo acontecimento tem uma causa distinta de si mesmo estendendo-se eternamente para o passado) e nunca chegar a um "causador não causado", de modo que, mais uma vez, a ocorrência da cadeia como um todo não tem explicação.

No terceiro caso, a busca por um acontecimento explicativo anterior leva de volta ao acontecimento do qual partimos. Novamente, não há explicação para a cadeia como um todo.

Então, Lewis não procura abordar o problema do ciclo causal tentando explicar de onde vêm as informações. Em vez disso, ele oferece um argumento de paridade: admitindo que não há uma explicação bem fundamentada para a existência de um ciclo causal considerado em sua totalidade. Entretanto, pode-se afirmar exatamente o mesmo no caso das cadeias causais lineares (finitas ou infinitas).

Diante disso, essa resposta "não resposta" de Lewis não é muito satisfatória. Será mesmo que não há uma explicação para as origens da informação, e a informação não simplesmente surge do nada? Bem, é importante distinguir entre perguntar de onde vem um *acontecimento* e perguntar de onde vem *uma cadeia inteira de acontecimentos*. A primeira pergunta é perfeitamente sensata, mas a segunda talvez nem tanto. Quando se trata de explicar um acontecimento, normalmente podemos recorrer a um acontecimento anterior. Estou vivo agora em parte por causa de fatos sobre meus pais. Esses fatos, por sua vez, refletem fatos sobre a evolução humana, as origens da Via Láctea e a história do universo. Mas de onde vem toda a cadeia? O argumento de Lewis é que todos os três tipos de cadeia são igualmente misteriosos quando se trata de sua origem definitiva. Em última instância, um ciclo causal não é mais (nem menos) difícil de explicar do que qualquer outro tipo de cadeia causal.

Outra maneira de considerar o argumento de Lewis seria mais ou menos esta: temos ferramentas muito boas para explicar de onde vêm acontecimentos individuais – mas está muito menos claro se temos condições de explicar de onde vem uma cadeia causal inteira, independentemente do modo como essa cadeia é estruturada. Embora faça sentido perguntar por que um dado acontecimento ocorreu, está muito menos claro se faz sentido perguntar de onde vêm cadeias causais inteiras.

E depois?

Há uma porção de questões filosóficas sobre viagem no tempo que não abordamos. Aqui há breves menções a algumas:

1. A viagem no tempo apresenta alguns problemas interessantes em relação a persistência e identidade. Considere novamente o caso do telefonema de Lewis: aqui, aparentemente temos duas versões da mesma pessoa existindo em diferentes lugares ao mesmo tempo (externo). Objetos concretos (como pessoas) supostamente não podem estar em mais de um lugar ao mesmo tempo. Como a viagem no tempo poderia conferir a aparente capacidade de bilocalização?
2. Muitas perguntas filosóficas interessantes vêm da física da viagem no tempo. Que tipos de leis físicas poderiam ocorrer num mundo que permitisse a viagem no tempo? O físico David Deutsch argumenta que uma viagem no tempo fisicamente realista só pode ocorrer se há muitas histórias. Deutsch argumenta o seguinte: os sistemas de viagem para o passado enfrentam restrições sobre suas ações. Em contextos de viagens no tempo, configurações do contrário fisicamente possíveis parecem produzir resultados impossíveis. (Armas que normalmente deveriam ser capazes de matar pessoas desarmadas parecem falhar em seu funcionamento normal etc.) Esse argumento recorre a algo como um "princípio de autonomia": as capacidades causais de um sistema físico devem refletir apenas fatos locais sobre esse sistema e não devem depender do estado do universo como um todo.

Deutsch pensa que um viajante no passado em uma dada localização espaço-temporal em um sistema de mundo único não teria as mesmas capacidades causais que um indivíduo arbitrariamente similar, mas não viajando no tempo, na mesma localização. Em outras palavras, se um agente localizado em 1908 poderia ter assassinado Hitler com um tiro, um viajante do tempo (suficientemente similar) vindo de 2013 para 1908 também poderia. Portanto, uma maneira de evitar restrições estranhas sobre viajantes do tempo no passado seria que os viajantes se traduzissem em uma história ou um ramo distinto. Portanto, argumenta Deutsch, a única maneira de fazer com que a viagem no tempo se mantenha fisicamente realista é imaginar que os viajantes no passado também devem fazer uma transição para um mundo alternativo ou ramo diferente da história. Assim, eu poderia viajar para (uma versão de) 1908 e matar Hitler – o Hitler que eu mato reside em um ramo e o Hitler da minha história reside em outro. Nenhum paradoxo, porque o Hitler que morre em 1908 e o que morre em 1945 são indivíduos distintos em ramos diferentes.

Então, você poderia ter plena liberdade de ação, sem gerar paradoxos, ao custo de aceitar a existência de muitos mundos. Mas permanecem algumas questões interessantes:

Uma "viagem no tempo com muitos mundos" realmente pode ser considerada viagem no tempo? Você talvez sinta que, se o seu destino é em uma história diferente, na verdade você não viajou no tempo.

3. Stephen Hawking perguntou: "Se a viagem no tempo é possível, onde estão os viajantes do tempo?". Num espírito similar, alguns filósofos argumentaram que, se viagens para o passado ocorressem, nós saberíamos disso, porque viajantes do tempo vindos do futuro arrastariam atrás de si longas cadeias de coincidências improváveis. Suponha que eu volte no tempo para o fim de 1908 com um ônibus cheio de assassinos, e cada um de nós escolha um mecanismo diferente para tentar atingir Hitler. Alguém tem uma metralhadora, alguém tem uma bazuca, alguém tem um chapéu envenenado, alguém tem um bolo que explode. E todos convergimos para a história conhecida de Hitler, com nossos vários dispositivos diabólicos. Não importa quantas vezes tentemos, estamos fadados ao fracasso. E

certamente, se a viagem para o passado ocorresse, veríamos rastros de coincidências improváveis, à medida que as pessoas tentassem fazer mudanças de substituição na história – e fracassassem. Mas, talvez, apenas viajantes muito desatentos continuassem tentando assassinar os famosos... e, assim, coincidências resultantes improváveis só decorreriam de atos desencadeadores improváveis.

4. Atualmente, uma linha de abordagem interessante sustenta que poderia ser possível construir uma máquina do tempo realista, mas ao custo de não se poder controlá-la. Você poderia configurar as condições necessárias para gerar divergências entre tempo pessoal e tempo externo, mas seria fisicamente impossível prever o que esse mecanismo criaria de fato. Então, você poderia configurar uma máquina do tempo, poderia criar uma região do universo onde a viagem no tempo ocorresse, mas não seria capaz de prever que tipos de resultado seriam gerados por ela. Portanto, ironicamente, mesmo que a física permita a construção de uma máquina do tempo, talvez não permita que o dispositivo seja passível de ser controlado...

5. Quando os físicos discutem viagem no tempo, eles muitas vezes falam sobre **curvas temporais fechadas** (CTFs). Uma CTF é um caminho pelo espaço-tempo que regressa ao mesmo ponto de onde partiu, mas que nunca excede a velocidade da luz ao longo do caminho. Desse modo, uma CTF representa um caminho fisicamente possível para o passado. CTFs poderiam existir no mundo real ou em algo similar a este?

Como mencionado, Kurt Gödel, usando a teoria geral da relatividade de Einstein, descreveu, em 1949, um modelo que é infinito, giratório (em um sentido técnico) e tem CTFs em cada um de seus pontos. Em um universo de Gödel, todo espaço e tempo são acessíveis. Infelizmente, o universo infinito, giratório e não expansivo de Gödel é muito diferente de nosso universo aparentemente finito, não giratório e em expansão.

Entretanto, continua pouco claro se a unificação da relatividade geral e da mecânica quântica (a teoria da "gravidade quântica", há muito buscada) permitirá CTFs. O problema apontado por Hawking, "onde estão os viajantes?", ameaça alguns cenários mais do que outros. Se nosso universo fosse um universo infinito como propõe Gödel, a ausência observada de viajantes do tempo poderia ser muito intrigante. No entanto, os físicos também discutem geradores de CTF localizadas, isto é, maneiras de criar regiões de CTF em espaços-tempos que, não fosse por isso, seriam normais. Uma coisa sobre a qual os físicos concordam é que um gerador de CTF não é um veículo, e sim uma *região*: uma região de espaço-tempo curvo. Todos os dispositivos de CTF locais têm a característica de que facilitam o acesso ao passado apenas a partir do momento em que uma CTF é gerada pela primeira vez. Suponha que o primeiro gerador de CTF já criado entre em atividade em 2015 – momentos posteriores poderiam usar o gerador de CTF para viajar de volta a 2015, mas nenhuma época antes dessa poderia ser acessada. Todo gerador de CTF permitirá o acesso à história no período no qual ele próprio existe. Então, talvez uma resposta à pergunta de Hawking seja que a viagem no tempo é possível, mas não ainda...

Há uma série de questões metafísicas que o espaço não nos permite abordar neste capítulo. No entanto, a possibilidade de viagem no tempo afetaria nosso pensamento de muitas maneiras diferentes. Por um lado, a viagem no tempo afetaria nossas ideias sobre o status do passado e do futuro. Se outras épocas podem ser visitadas, presumidamente tais épocas devem existir. Isso, por sua vez, afetaria nossas ideias sobre livre-arbítrio. Se o futuro existe, pode ser verdadeiramente aberto? Mas, se o futuro não está aberto, o que acontece com nossa liberdade? Se nossas ações no futuro, de algum modo, já estão "lá", pode-se realmente dizer que somos livres? Por outro lado, como seriam as leis da natureza em um mundo de viagens no tempo? De acordo com David Lewis, a viagem para o passado é possível em uma única história, contanto que as ações do viajante sejam consistentes com a história de onde ele vem. Mas o que garante que apenas as ações que preservam a consistência ocorrem? Um mundo de viagens no tempo deve ter leis físicas estranhas?

Resumo do capítulo

- A viagem no tempo é definida por David Lewis como envolvendo uma discrepância entre tempo pessoal (tempo para o viajante) e tempo externo (tempo para o mundo). Na viagem para o futuro, o tempo pessoal e o tempo externo têm a mesma direção, mas diferem em duração. Na viagem para o passado, o tempo pessoal e o tempo externo diferem em direção.
- O argumento do paradoxo do avô contra a viagem para o passado diz o seguinte: se é possível viajar para o passado, é possível criar contradições. No entanto, porque não é possível criar contradições, a viagem para o passado não é possível. Lewis pensa que esse argumento é válido, mas não sólido.
- Lewis pensa que o argumento do paradoxo do avô falha porque trata a possibilidade como não ambígua. De fato, possibilidade pode significar coisas diferentes em diferentes contextos. Em relação a alguns fatos, você pode assassinar seu avô, mas, em relação a outros, não.
- Lewis também pensa que os viajantes do tempo podem causar um impacto sobre o passado, mas apenas num sentido contrafactual, e não num sentido de reembolso. Os viajantes do tempo podem tornar o passado diferente do que seria se eles não tivessem estado lá – mas não podem substituir um tempo por outro.

- Lewis considera os ciclos causais – casos em que uma cadeia de acontecimentos volta no tempo de modo que um acontecimento pode ser uma de suas próprias causas. Ele considera tais casos muito estranhos, mas não impossíveis. Os ciclos causais parecem estranhos porque não temos uma resposta à pergunta sobre de onde eles vêm – mas, segundo Lewis, nós não temos uma boa resposta para de onde vem qualquer cadeia de acontecimentos.

Questões para estudo

1. Como David Lewis define a viagem no tempo?
2. O que a viagem para o futuro poderia envolver, de acordo com a definição de Lewis?
3. O que a viagem para o passado poderia envolver, de acordo com a definição de Lewis?
4. Se eu pudesse viajar para o passado, eu poderia assassinar a mim mesmo quando bebê?
5. O que se espera que o argumento do paradoxo do avô demonstre?
6. Como David Lewis tentou demonstrar que a viagem no tempo era logicamente possível?
7. O que é "compossibilidade" e como Lewis aplica a noção de compossibilidade a casos de viagem no tempo?
8. O que são ciclos causais e o que poderia estar errado com eles?
9. Como Lewis tenta diminuir as preocupações sobre ciclos causais?
10. De onde vem a informação em um ciclo causal?
11. Se um viajante volta no tempo e encontra seu eu anterior, ele se torna duas pessoas ao fazer isso? Se não, por que não?
12. Um viajante no passado seria capaz de se comportar como um agente humano normal ou enfrentaria restrições estranhas sobre suas ações?

Leitura complementar introdutória

DAINTON, B. (2010) *Time and Space*, 2. ed., Durham: Acumen. (Oferece, de longe, a melhor introdução disponível para questões de tempo e espaço. O capítulo 8 lida detalhadamente com a viagem no tempo.)

DOWE, P. (2000) "The Case for Time Travel", *Philosophy* 75: 441-451. (Resposta detalhada a Grey (1999) que tenta abordar todos os problemas até então levantados contra a viagem no tempo.)

GREY, W. (1999) "Troubles with Time Travel", *Philosophy* 74: 55-70. (Um resumo útil de praticamente todos os argumentos que os filósofos reuniram contra a possibilidade de viagem no tempo até o momento.)

NAHIN, P. (1999) *Time Machines: Time Travel in Physics, Metaphysics and Science Fiction*, 2. ed., Nova York: American Institute of Physics. (Levantamento detalhado da viagem no tempo conforme tratada na filosofia, na ciência e na ficção científica. Muito bom sobre, por exemplo, os possíveis mecanismos físicos para a viagem no tempo.)

RICHMOND, A. (2001) "Time-Travel Fictions and Philosophy", *American Philosophical Quarterly* 38: 305-318. (Pesquisa os problemas filosóficos sobre a viagem no tempo que surgem na ficção científica.)

RICHMOND, A. (2003) "Recent Work: Time Travel", *Philosophical Books* 44: 297-309. (Apresenta todas as principais obras filosóficas sobre viagem no tempo até 2003.)

SMITH, N. J. J. (1997) "Bananas Enough for Time Travel?", *British Journal for the Philosophy of Science* 48: 363-389. (Argumenta detalhadamente que a viagem para o passado não precisa gerar coincidências improváveis e que, mesmo se o fizesse, isso não seria um argumento contra a viagem para o passado.)

Leitura complementar avançada

DWYER, L. (1975) "Time Travel and Changing the Past", *Philosophical Studies* 27: 341-350. (Um argumento anterior a Lewis de que a viagem para o passado talvez seja, afinal, logicamente possível.)

GÖDEL, K. (1949) "An Example of a New Type of Cosmological Solutions of Einstein's Field Equations of Gravitation", *Reviews of Modern Physics* 21: 447-450. (Bastante técnico, mas muito importante: a primeira descrição física de um universo de viagens no tempo.)

LEWIS, D. (1976) "The Paradoxes of Time Travel", *American Philosophical Quarterly* 13: 145-152, www.csus.edu/indiv/m/merlinos/Paradoxes%20of%20Time%20Travel.pdf. (A defesa clássica da possibilidade lógica de viagem no tempo e, de longe, a melhor obra filosófica sobre o assunto.)

MILLER, K. (2006) "Travelling in Time: How to Wholly Exist in Two Places at the Same Time", *Canadian Journal of Philosophy* 36: 309-334. (Tentativa interessante e vigorosa de explicar como a viagem no tempo poderia permitir a uma pessoa estar em dois lugares ao mesmo tempo.)

SORENSEN, R. (1987) "Time Travel, Parahistory and Hume", *Philosophy* 62: 227-236. (Tentativa interessante de usar a viagem no tempo como caso de teste para o argumento de Hume acerca do testemunho de milagres.)

VIHVELIN, K. (1996) "What Time Travelers Cannot Do", *Philosophical Studies* 81: 315-330. (Crítica interessante dos problemas de liberdade enfrentados pelo viajante no passado.)

YOURGRAU, P. (1999) *Gödel Meets Einstein*, Chicago: Open Court. (Um livro em defesa do fascinante argumento de Gödel de que a possibilidade de curvas temporais fechadas nos universos de Gödel mostra que, na realidade, o tempo não existe.)

Referências on-line

ARNTZENIUS, F.; MAUDLIN, T. (2005) "Time Travel and Modern Physics" in ZALTA, E. (Org.) *Stanford Encyclopedia of Philosophy* [enciclopédia on-line] (verão de 2005), http://plato.stanford.edu/archives/sum2005/entries/time-travel-phys/. (Panorama bem completo da filosofia e da física da viagem no tempo.)

CARROLL, J. W. (Org.) (2008) *A Time Travel Website*, http://timetravelphilosophy.net/. (Recheado de referências, argumentos e exemplos divertidos, bem escolhidos e bem embasados. Informativo e abrangente, mas também agradável de se ler.)

EARMAN, J.; WÜTHRICH, C. (2004) "Time Machines" in ZALTA, E. (Org.) *Stanford Encyclopedia of Philosophy* [enciclopédia on-line] (outono de 2008), http://plato.stanford.edu/archives/fall2008/entries/time-machine/. (Relato completo sobre a viabilidade de operar uma máquina do tempo. Com frequência, técnico.)

HAWKING, S. (1999) "Space and Time Warps", *Stephen Hawking* [website], www.hawking.org.uk/space-and-time-warps.html. (Introdução acessível, popular e abrangente aos problemas e possibilidades fascinantes do espaço-tempo curvo.)

SCHWARZ, P., *Time Travel in Flatland: An Animated Tutorial in Physics, Light Cones and Causality*, California Institute of Technology [website], s.d., www.theory.caltech.edu/people/patricia/lctoc.html. (Simplesmente brilhante: uma esplêndida introdução à física e à dinâmica da viagem no tempo. Ao mesmo tempo, sério e divertido.)

Glossário de termos-chave

adequação empírica Considerada uma concorrente da verdade ao se definir o objetivo da ciência. De acordo com os empiristas construtivos (*ver* **empirismo construtivo**), a ciência tem por objetivo nos fornecer teorias que sejam *empiricamente adequadas*. E uma teoria é empiricamente adequada se o que diz sobre coisas e acontecimentos observáveis na natureza é verdadeiro. Em outras palavras, uma teoria é empiricamente adequada se salva os fenômenos. *Ver também* **salvar os fenômenos**.

antirrealismo científico O oposto do realismo, apresenta-se de muitas formas, dependendo de que aspecto do realismo se pretende minimizar (*ver também* **realismo científico**). Desse modo, um antirrealista pode, por exemplo: (a) negar que a natureza (e seus objetos e entidades) existe de maneira independente da mente humana; ou (b) negar que nossas melhores teorias científicas são verdadeiras; ou (c) negar que a linguagem científica identifica ou se refere a objetos da natureza. A variante (a) inclui o **relativismo conceitual** e o **construtivismo**. A variante (b) inclui o **empirismo construtivo**. A variante (c) é conhecida como antirrealismo semântico.

argumento Em filosofia, um argumento é uma série de considerações apresentadas para corroborar determinada conclusão.

autonomia Um indivíduo é autônomo quando determina seu próprio destino, em vez de ter seu destino determinado por outros ou por fatores externos. Um indivíduo é intelectualmente autônomo quando pensa por si mesmo, em vez de ter seu pensamento determinado por outros.

casos Gettier São cenários em que um agente tem uma crença verdadeira justificada, mas carece de conhecimento, porque o fato de a crença em questão ser verdadeira é mero acaso. Imagine uma pessoa que constrói sua crença sobre que horas são ao olhar para um relógio parado, que ela tem todos os motivos para acreditar que está funcionando. Crucialmente, no entanto, acontece de ela olhar para o relógio no único momento do dia em que ele está mostrando a hora certa e, consequentemente, construir uma crença verdadeira. Sua crença é, portanto, verdadeira e justificada, mas esse não é um caso de conhecimento, já que é mero acaso que sua crença seja verdadeira, uma vez que o relógio não está funcionando. Os casos Gettier mostram que a **definição clássica de conhecimento**, que concebe o conhecimento como crenças verdadeiras justificadas, não se sustenta. *Ver também* **definição clássica de conhecimento**.

ceticismo radical É a visão de que não sabemos muita coisa, particularmente quando se trata de nossas crenças sobre o mundo externo (isto é, um mundo que é "externo" à nossa experiência desse mundo). Embora seja natural falar de ceticismo radical como sendo uma posição filosófica, ele geralmente não é apresentado dessa forma, e sim como um desafio às teorias do conhecimento existentes, que consiste em demonstrar por que elas excluem o tipo de ceticismo radical em questão.

ciclo causal Um tipo de corrente causal que consegue voltar no tempo, de modo que um acontecimento pode ser uma de suas próprias causas.

compossibilidade A possibilidade de um certo resultado avaliada em relação a algum outro fato ou situação. Situações compossíveis podem existir juntas, mas situações incompossíveis, não. Por exemplo, ser capaz de parar de fumar é compossível com ter a força de vontade para parar, mas não é compossível com o fato de não fumar.

conhecimento processual Muitas vezes chamado de "know--how", já que consiste em saber *como* fazer determinada coisa, como andar de bicicleta ou nadar. Geralmente é contrastado com o **conhecimento proposicional**, que é o conhecimento de uma **proposição**. Os dois tipos de conhecimento são tratados de maneira diferente porque, pelo menos intuitivamente, uma pessoa pode saber como fazer determinada coisa (por exemplo, nadar) sem ter um conhecimento proposicional a esse respeito (por exemplo, sem saber que é capaz de nadar, talvez por ter se esquecido desse fato até o momento em que caiu na água). *Ver também* **conhecimento proposicional**.

conhecimento proposicional Este é o conhecimento de que alguma coisa (isto é, uma **proposição**) é verdadeira. Normalmente é contrastado com o **conhecimento processual**, ou *know-how*. Os dois tipos de conhecimento são tratados de maneira diferente porque, pelo menos intuitivamente, uma pessoa pode saber como fazer determinada coisa (por exemplo, nadar) sem ter um conhecimento proposicional a esse respeito (por exemplo, sem saber que é capaz de nadar, talvez por ter se esquecido desse fato até o momento em que caiu na água). *Ver também* **conhecimento processual**.

construtivismo Esta variedade de **antirrealismo científico** nega que a natureza (e seus objetos e entidades) exista de maneira independente da mente humana. Em vez disso, tais objetos e entidades devem ser considerados construções humanas. Ao contrário dos relativistas conceituais, os construtivistas tendem a enfatizar que nossos tipos e entidades científicos são produtos de práticas experimentais e tecnológicas bem conhecidas, inseridas em contextos socioculturais bem definidos.

credulismo Em oposição ao reducionismo, o credulismo é a doutrina segundo a qual um indivíduo pode estar correto ao ter uma crença baseada em um **testemunho** ainda que careça de razões independentes para corroborar essa crença. Ver também **reducionismo**.

curva temporal fechada Um caminho através do espaço-tempo que leva de volta ao ponto no espaço e no tempo onde começou, mas que não consiste em exceder a velocidade da luz. Um caminho físico para o passado.

definição clássica de conhecimento De acordo com a definição clássica, conhecimento é uma crença verdadeira justificada. Essa noção costuma ser atribuída a Platão, sendo às vezes chamada de definição "tripartite" (isto é, em três partes) do conhecimento. Ver também **casos Gettier**.

dualismo cartesiano A visão, batizada com o nome de seu fundador, René Descartes, de que há dois tipos de substância. A mente é feita de *substância imaterial*; o corpo e tudo mais que há no mundo são feitos de *substância material*. Ver também **substâncias materiais/imateriais**.

dualismo Toda visão que afirme que há dois tipos de coisa diferentes em determinada esfera pode ser chamada de dualismo. O dualismo corpo/mente é a visão de que a mente é um tipo de coisa diferente do mundo físico.

emotivismo É a visão de que as afirmações morais expressam atitudes emotivas, e não crenças factuais.

empirismo construtivo Uma posição antirrealista (*ver* **antirrealismo científico**) que nega que nossas melhores teorias científicas sejam verdadeiras. Afirma que a adequação empírica (em oposição à verdade) é o objetivo da ciência (*ver* **adequação empírica**). A visão é *empirista* ao afirmar que nosso conhecimento científico deve se restringir a fenômenos observáveis, aqueles que podemos ver e experimentar a olho nu. Reconhece também a função essencial de *construir* modelos científicos para produzir uma imagem empiricamente adequada da natureza.

empirismo lógico O nome se refere a uma série de visões filosóficas defendidas por membros do chamado Círculo de Viena no início do século XX (entre seus defensores, estavam Moritz Schlick, Rudolf Carnap e Otto Neurath). A lógica e o empirismo eram considerados as duas principais fontes de conhecimento científico. Central a essa posição é a ideia de que a linguagem da ciência pode ser dividida em um vocabulário teórico e um vocabulário observacional, onde o primeiro deve ser redutível ao último.

epistemologia É o nome dado à teoria do conhecimento. Aqueles que estudam epistemologia – conhecidos como *epistemólogos* – também estão interessados nas noções intimamente associadas com conhecimento, tais como verdade, justificativa e racionalidade.

estados mentais não ocorrentes *ver* **estados mentais ocorrentes/ não ocorrentes**

estados mentais ocorrentes/não ocorrentes Um estado mental é ocorrente quando temos consciência dele, ou estamos pensando nele; um estado mental é não ocorrente quando nos encontramos em tal estado, mas não temos consciência dele ou não estamos pensando nele.

estados mentais São estados da mente, em geral com algum conteúdo, por exemplo, acreditar que está um dia ensolarado ou desejar ir à praia. Outros exemplos de estados mentais incluem imaginar, lembrar, esperar e pensar. As sensações também são estados mentais, por exemplo, dores, alegrias, vertigens, embora esteja menos claro como compreender seu conteúdo. Esse termo é usado como sinônimo de **estados psicológicos**.

estados psicológicos *ver* **estados mentais**.

ética É uma das principais áreas da filosofia, tratando do que é certo/errado, bom/mau, virtuoso/vicioso etc.

filosofia da ciência É o ramo da filosofia que lida com questões conceituais e fundamentais oriundas das ciências. Os filósofos da ciência podem lidar com questões gerais sobre ciência (por exemplo, qual é o objetivo da ciência? O que é uma lei da natureza? Como a confirmação científica funciona?, entre outras), bem como com questões fundamentais mais específicas sobre disciplinas científicas em particular (nesse caso, falamos de filosofia da física, filosofia da biologia, filosofia da medicina, filosofia da economia, por exemplo).

filosofia da mente É o ramo da filosofia relacionado a questões acerca do que significa ter uma mente. São questões fundamentais nesse campo: como os fenômenos mentais estão relacionados com fenômenos físicos; como devemos compreender a consciência; se temos acesso direto a nossos próprios pensamentos; e como passamos a entender os pensamentos de outras pessoas.

fisicalismo A visão de que tudo que existe pode ser explicado pela física.

funcionalismo A noção de que devemos identificar estados mentais com base naquilo que fazem, e não com base naquilo de que são feitos. Os estados mentais são causados por percepções sensoriais e por outros estados mentais, e funcionam para causar comportamentos e novos estados mentais.

Gödel, Kurt (1903-1978) Matemático austríaco (posteriormente naturalizado norte-americano) especialista em lógica. Publicou, em 1949, um modelo da teoria geral da relatividade de Einstein para um mundo que contém **curvas temporais fechadas** através de cada ponto no espaço-tempo.

hipótese cética Uma hipótese cética é um cenário em que você está radicalmente enganado a respeito do mundo e, ainda assim, sua experiência do mundo é exatamente como seria se você não o estivesse. O problema apresentado pelas hipóteses céticas é que parecemos incapazes de saber se elas são falsas. Sendo assim, como poderíamos esperar distinguir uma experiência genuína de uma ilusória? As hipóteses céticas são usadas, portanto, para motivar o ceticismo. Ver também **ceticismo radical**.

hipótese da mente estendida A afirmação de que partes do mundo podem ser constituintes de nossos estados mentais. Portanto, os estados mentais nem sempre estão situados apenas em nossa cabeça; às vezes, podem se estender para o mundo.

Hume, David (1711-1776) David Hume é um dos filósofos mais importantes da Escócia e possivelmente o maior filósofo a escrever em língua inglesa. Nascido em Edimburgo, ele teve uma vida diversificada e interessante. Escreveu uma célebre história da Inglaterra e uma série de obras fundamentais em filosofia. *Tratado da natureza humana*, possivelmente sua maior obra, foi concluída quando ele tinha 26 anos. As realizações intelectuais de Hume o tornaram uma figura central em um período da história conhecido como **Iluminismo**, uma época de grande efervescência intelectual.

Iluminismo Foi um período de história intelectual, aproximadamente de 1700 a 1800. Foi quando ideias como razão, ciência e democracia estiveram em alta, ao passo que outras como governo divino, revelação religiosa e tradição estiveram sob pressão.

inferência para a melhor explicação Também conhecida como inferência abdutiva (na terminologia de C. S. Peirce), inferência para a melhor explicação é um tipo de inferência ou raciocínio lógico em que, dadas duas **premissas** tais como "se *p* então *q*" e "*q*", inferimos "*p*" como a melhor explicação para "*q*". Isto é, inferimos a hipótese *p* que é a melhor explicação para a evidência *q* (por exemplo, "se houver um rato, as migalhas no chão irão desaparecer"; "as migalhas no chão desapareceram"; e assim concluímos que "há um rato" é a melhor explicação para a evidência disponível).

instrumentalismo É a visão de que devemos considerar as teorias científicas como não mais do que ferramentas úteis para realizar previsões, sem que isso implique uma crença na verdade das teorias.

juízos empíricos São juízos que, em princípio, podem ser confirmados pela observação empírica, tais como as descobertas da ciência ou fatos mundanos sobre o mundo à nossa volta. Quando um juízo empírico é verdadeiro, expressa uma **verdade empírica**.

juízos morais São juízos relacionados a questões éticas.

Kant, Immanuel (1724-1804) Muito provavelmente o filósofo mais importante e influente da era moderna. Embora tenha contribuído para praticamente todas as áreas da filosofia, é mais conhecido por seu idealismo transcendental e por sua contribuição para a **ética**. Quanto ao primeiro, a ideia principal era que grande parte da estrutura que atribuímos ao mundo – como a ordem temporal ou causal – é, na verdade, produto da nossa mente. Em ética, ele é mais conhecido por afirmar que a origem do bem moral reside na boa vontade. Uma ação moralmente boa é, portanto, aquela que é realizada com boa vontade (observe, no entanto, que Kant faz exigências um tanto austeras sobre o que deve ser considerado boa vontade, de modo que bons atos não são tão fáceis de conseguir quanto este breve resumo talvez dê a entender!).

lei de Leibniz Duas coisas são (exatamente) idênticas se têm as mesmas propriedades.

Lewis, David (1941-2001) Filósofo norte-americano especializado em **metafísica** e **epistemologia**. Defendeu a possibilidade lógica da **viagem no tempo** em um célebre artigo de 1976, "The Paradoxes of Time Travel" [Os paradoxos da viagem no tempo].

metaética É um ramo da **ética** cuja questão central é o **status de moralidade**.

metafísica O ramo da filosofia que considera questões relacionadas com a natureza e a estrutura da realidade. Os temas da metafísica incluem livre-arbítrio, identidade pessoal e natureza do espaço e do tempo.

mudança contrafactual Mudança (ou impacto) que é avaliada em termos da diferença que determinado acontecimento teria feito se *não* tivesse ocorrido. Por exemplo, "se meu despertador não tivesse tocado esta manhã, eu teria me atrasado para o trabalho".

mudança de substituição Mudança (ou impacto) em que um objeto (ou situação) é substituído por outro objeto (ou situação). Por exemplo, se quebro minha caneca, substituo uma caneca intacta por uma porção de fragmentos. Igualmente, quando um armistício é declarado, um estado de paz substitui um estado de guerra.

multiplamente realizável Algo é multiplamente realizável se puder ser feito de mais de um tipo de material. Cadeiras e computadores são exemplos de coisas multiplamente realizáveis.

objetivismo É uma abordagem a questões sobre o **status de moralidade**; diz que as afirmações e os juízos morais podem ser verdadeiros ou falsos e que o que os torna verdadeiros ou falsos são fatos objetivos.

paradoxo do avô Argumento contra a possibilidade lógica de **viagem no tempo** que presume que se é possível viajar no tempo também é possível criar contradições. Por exemplo, se você pudesse viajar ao passado para antes de um de seus avôs se tornar pai, e assassinasse esse avô, poderia, portanto, impedir sua própria existência, criando assim uma contradição.

premissa Uma das afirmações apresentadas por um argumento para corroborar sua conclusão.

princípio de credulidade Este princípio, proposto por **Thomas Reid**, afirma que os seres humanos são naturalmente inclinados a acreditar no que lhes dizem.

princípio de veracidade Este princípio, proposto por **Thomas Reid**, afirma que os seres humanos são naturalmente inclinados a falar a verdade.

proposição Uma proposição é o que é afirmado por uma frase declarativa. Por exemplo, a frase "O gato está no tapete" afirma que algo é verdadeiro, ou seja, que o gato está no tapete; essa é a proposição expressa por essa frase. Observe que a mesma proposição será expressa por uma frase declarativa análoga em uma língua diferente, como o francês, contanto que o que for afirmado pela frase seja o mesmo.

realismo científico A visão de que o objetivo da ciência é nos oferecer um relato literalmente verdadeiro sobre a natureza. Tipicamente, os adeptos dessa visão endossam as seguintes afirmações: (a) que a natureza (e seus objetos ou entidades) existe de maneira independente da mente humana (aspecto metafísico); (b) que nossas melhores teorias científicas são verdadeiras, isto é, o que elas dizem sobre a natureza e seus objetos corresponde a como a natureza é (aspecto epistêmico); (c) que a linguagem científica identifica ou se refere a objetos existentes na natureza (aspecto semântico). Normalmente, um realista vê a ciência como progredindo rumo a teorias cada vez melhores, que se aproximam cada vez mais da verdade (ou, dito de outra forma, são aproximadamente verdadeiras).

reducionismo Em oposição ao credulismo, o reducionismo afirma que, para que uma crença baseada em **testemunho** seja justificada, é essencial que o agente em questão seja capaz de oferecer justificativas independentes a favor dessa crença – isto é, justificativas que não sejam crenças baseadas em testemunhos. *Ver também* **credulismo**.

Reid, Thomas (1710-1796) Como seu contemporâneo **David Hume** (1711-1776), Thomas Reid foi uma das principais figuras em um período da história intelectual escocesa conhecido como Iluminismo escocês, em que novas ideias radicais ganharam evidência. Ao contrário de Hume, no entanto, que era notoriamente propenso a adotar uma atitude cética em relação às crenças tidas pela maioria das pessoas à sua volta, Reid foi um defensor do que é conhecido como filosofia do "senso comum", que colocava as afirmações do senso comum acima das conclusões do raciocínio filosófico abstrato.

relativismo conceitual Uma variedade de **antirrealismo científico** que nega que a natureza (e seus objetos e entidades) exista de maneira independente da mente humana. Afirma que nossos conceitos ou esquemas conceituais exercem um papel ativo ao classificar e categorizar a natureza em tipos, e que não há nenhum fato objetivo sobre a natureza ou seus tipos que seja independente de nossos conceitos ou esquemas conceituais.

relativismo cultural É a visão de que afirmações e juízos morais são verdadeiros ou falsos apenas com relação à cultura em que são emitidos.

relativismo Esta é uma abordagem a questões sobre o **status de moralidade**; diz que as afirmações e os juízos morais podem ser verdadeiros ou falsos, mas apenas em relação a algo que pode variar entre diferentes povos.

salvar os fenômenos A expressão vem do grego antigo e foi traduzida literalmente. No contexto do debate entre realismo e antirrealismo na ciência, a expressão significa explicar os fenômenos, ou descrever os fenômenos, isto é, ser capaz de fornecer uma análise precisa deles sem ter de incluir crenças desnecessárias em entidades não observáveis. *Ver também* **adequação empírica**.

semântica *ver* **sintaxe/semântica**

sintático *ver* **sintaxe/semântica**

sintaxe/semântica Sintaxe e semântica são propriedades de *símbolos*. A propriedade semântica de um símbolo é o que ele representa. A propriedade sintática de um símbolo são suas propriedades geométricas e internas. A sintaxe também se refere às regras que determinam o modo como essas características geométricas e internas podem ser alteradas e combinadas.

solidez Um argumento é sólido quando é **válido** com **premissas** verdadeiras.

status de moralidade Esta é a questão central da **metaética**. É sobre se afirmações e juízos morais podem ser verdadeiros ou falsos e, em caso afirmativo, se o que os torna verdadeiros ou falsos são fatos objetivos ou fatos que, de algum modo, são relativos.

subjetivismo É a visão de que as afirmações e os juízos morais são verdadeiros ou falsos, mas apenas em relação à perspectiva subjetiva do indivíduo que os faz.

substâncias materiais *ver* **substâncias materiais/imateriais**

substâncias materiais/imateriais As substâncias materiais ocupam uma certa quantidade de espaço. As substâncias imateriais não ocupam espaço.

tempo externo É o tempo tal como registrado no mundo – por relógios, pelas marés, pela rotação da Terra etc. O tempo tal como registrado pela maior parte do universo, que não está viajando no tempo.

tempo pessoal É o tempo tal como registrado pelo indivíduo ou objeto viajando no tempo. Abrange todos os processos que se movem com o indivíduo ou objeto; portanto, pode incluir o tempo tal como registrado por um relógio, por memórias acumuladas ou por processos de digestão do viajante do tempo.

teoria da identidade A visão de que os estados mentais são idênticos aos estados físicos.

testemunho Os filósofos entendem a noção de testemunho de uma forma bem ampla, para incluir não só a transmissão verbal de informações que acontece em um tribunal, por exemplo, como também a transmissão intencional de informações em geral – seja verbalmente ou por meio de livros, imagens, vídeos e assim por diante.

validade Um argumento é válido quando a verdade de sua conclusão deriva da verdade de suas **premissas**. Isto é, se as premissas forem todas verdadeiras, não há como a conclusão ser falsa.

verdade conceitual Uma **proposição** que é verdadeira em virtude da relação entre os conceitos usados na expressão (também chamada "relação de ideias"). Por exemplo, a proposição "triângulos têm três ângulos" é uma verdade conceitual porque o conceito de um triângulo contém o conceito de ter três ângulos. De maneira similar, a proposição "solteiros não são casados" é uma verdade conceitual porque a ideia de ser solteiro contém a ideia de não ser casado. (*Ver*, a título de comparação, **verdade empírica**.)

verdade empírica Uma **proposição** que é verdadeira não em virtude das relações entre os conceitos usados para expressá--la, e sim em virtude do modo como o mundo é (também chamada "questão de fato"). Por exemplo, a proposição "os triângulos exercem um papel importante na história da arte cristã" é uma verdade empírica. (*Ver*, a título de comparação, **verdade conceitual**.)

viagem no tempo Toda viagem ou processo que tem durações diferentes no **tempo pessoal** e no **tempo externo**.

viagem para o futuro Toda viagem ou processo que tem durações diferentes no **tempo pessoal** e no **tempo externo**, mas em que o tempo pessoal e o tempo externo têm a mesma direção – por exemplo, uma viagem que dura dez minutos no tempo pessoal, mas cinquenta anos no tempo externo.

viagem para o passado Toda viagem ou processo em que o tempo tem direções diferentes no que concerne ao **tempo pessoal** e ao **tempo externo** – por exemplo, uma viagem que tem duração pessoal positiva, mas duração externa negativa.

Bibliografia

ADLER, J. (2012) "Epistemological Problems of Testimony" in ZALTA, E. (Org.) *Stanford Encyclopedia of Philosophy* [enciclopédia on-line], http://plato.stanford.edu/entries/testimony-episprob/ (acessado em 23 de maio de 2013).

ARNTZENIUS, F.; MAUDLIN, T. (2005) "Time Travel and Modern Physics" in ZALTA, E. (Org.) *Stanford Encyclopedia of Philosophy* [enciclopédia on-line] (Verão/2005), http://plato.stanford.edu/archives/sum2005/entries/time-travel-phys/ (acessado em 23 de maio de 2013).

BERLIN, I. (1980) "The Purpose of Philosophy" in *Concepts and Categories: Philosophical Essays*, Oxford: Oxford University Press.

BLACKBURN, S. (2001) *Pense – Uma introdução à filosofia*. Trad. António Infante et al. Lisboa: Gradiva.

BLACKMORE, S. (2005) *Conversations on Consciousness*, Oxford: Oxford University Press.

BUCHAN, J. (2003) *Capital of the Mind: How Edinburgh Changed the World*, Edimburgo: Birlinn.

CHAKRAVARTTY, A. (2011) "Scientific Realism" in ZALTA, E. (Orgs.) *Stanford Encyclopedia of Philosophy* [enciclopédia on-line], http://plato.stanford.edu/entries/scientific-realism/ (acessado em 29 de maio de 2013).

CHRISMAN, M. (2011) 'Ethical Expressivism', in MILLER, C. (Org.) *The Continuum Companion to Ethics*, Londres: Continuum.

_____. (2013) "Emotivism" in LAFOLLETTE, H. (Org.) *International Encyclopedia of Ethics*. Chichester: Wiley-Blackwell.

CHURCHLAND, P.; HOOKER, C. A. (Orgs) (1985) *Images of Science*, Chicago: University of Chicago Press.
CLARK, A. (2008) *Supersizing the Mind*, Oxford: Oxford University Press.
CLARK, A.; CHALMERS, D. (1998) "The Extended Mind", *Analysis* 58: 7-19.
COADY, C. A. J. (1992) *Testimony: A Philosophical Study*, Oxford: Clarendon Press.
COADY, D. (2012) *What to Believe Now: Applying Epistemology to Contemporary Issues*, Chichester: Wiley-Blackwell.
CRANE, T. (1995) *The Mechanical Mind*, Londres: Penguin.
DAINTON, B. (2010) *Time and Space*, 2. ed., Durham: Acumen.
DESCARTES, R. (1641/2004) *Meditações sobre filosofia primeira*. Trad. Fausto Castilho. Campinas: Unicamp.
DEUTSCH, D. (1997) *The Fabric of Reality*, Londres: Penguin.
DOWE, P. (2000) "The Case for Time Travel", *Philosophy* 75: 441-451.
DUHEM, P. (1908/1984) "Salvar os fenômenos", trad. Roberto de Andrade Martins, in *Cadernos de História e Filosofia da Ciência* (suplemento 3): 1-105.
DWYER, L. (1975) "Time Travel and Changing the Past", *Philosophical Studies* 27: 341-350.
EARMAN, J.; WÜTHRICH, C. (2004) "Time Machines" in ZALTA, E. (Org.) *Stanford Encyclopedia of Philosophy* (Outono/2008) [enciclopédia on-line], http://plato.stanford.edu/archives/fall2008/entries/time-machine/ (acessado em 23 de maio de 2013).
FOGELIN, R. J. (2003) *A Defense of Hume on Miracles*, Princeton, NJ: Princeton University Press.
FRIGG, R.; HARTMANN, S. (2012) "Models in Science" in ZALTA, E. (Org.) *Stanford Encyclopedia of Philosophy* [enciclopédia on-line], http://plato.stanford.edu/entries/models-science/ (acessado em 10 de maio de 2013).
GETTIER, E. (1963/2013) "Conhecimento é crença verdadeira justificada?" Trad. André Nascimento Pontes. Perspectiva

filosófica 39: 124-127. http://www.revista.ufpe.br/revista-perspectivafilosofica/index.php/revistaperspectivafilosofica/article/view/27/26.
GÖDEL, K. (1949) "An Example of a New Type of Cosmological Solutions of Einstein's Field Equations of Gravitation", *Reviews of Modern Physics* 21: 447-450.
GOWANS, C. (2008) "Moral Relativism", in ZALTA, E. (Org.) *Stanford Encyclopedia of Philosophy* [enciclopédia on-line], (Primavera/2012), http://plato.stanford.edu/entries/moral--relativism/ (acessado em 13 de maio de 2013).
GRECO, J. (2007) "External World Skepticism", *Philosophy Compass* 2, n. 4: 624-695.
GREEN, C. (2008) "Epistemology of Testimony" in DOWDEN, B.; FIESER, J. (Orgs.) *Internet Encyclopedia of Philosophy* [enciclopédia on-line], www.iep.utm.edu/e/ep-testi.htm (acessado em 29 de maio de 2013).
GREY, W. (1999) "Troubles with Time Travel", *Philosophy* 74: 55-70.
HARMAN, G.; THOMSON, J. J. (1996) *Moral Relativism and Moral Objectivity*, Malden, MA: Blackwell.
HAWKING, S. (1999) "Space and Time Warps", *Stephen Hawking* [website], www.hawking.org.uk/space-and-time-warps.html (acessado em 23 de maio de 2013).
HETHERINGTON, S. (2005) "Gettier Problems" in DOWDEN, B.; FIESER, J. (Orgs.) *Internet Encyclopedia of Philosophy* [enciclopédia on-line], www.iep.utm.edu/g/gettier.htm (acessado em 29 de maio de 2013).
_____. (2010) "The Gettier Problem", capítulo 12 de BERNECKER, S.; PRITCHARD, D. H. (Orgs.) *The Routledge Companion to Epistemology*, Londres: Routledge.
HOFSTADTER, D.; DENNETT, D. D. (Orgs.) (1981) *The Mind's I: Fantasies and Reflections on Self and Soul*, New York: Basic Books.
HORWICH, P. (1975) "On Some Alleged Paradoxes of Time Travel", *Journal of Philosophy* 72: 432-444.

HUME, D. (1739/1978) *A Treatise of Human Nature*, Org. SELBY-BIGGE, L. A.; NIDDITCH, P. H. 2. ed., Oxford: Oxford University Press, 1978.

_____. (1748/2013) *Investigação sobre o entendimento humano*. Trad. Artur Morão. Lisboa: Edições 70.

_____. (1777/1993) *Dialogues Concerning Natural Religion* and *The Natural History of Religion*, Org. GASKIN, J. C. A., Oxford: Oxford University Press, 1993.

ICHIKAWA, J.; STEUP, M. (2012) "The Analysis of Knowledge" in ZALTA, E. (Org.) *Stanford Encyclopedia of Philosophy* [enciclopédia on-line], http://plato.stanford.edu/entries/knowledge-analysis/ (acessado em 29 de maio de 2013).

JOLL, N. (2010) "Contemporary Metaphilosophy" in DOWDEN, B.; FIESER, J. (Orgs.) *Internet Encyclopedia of Philosophy* [enciclopédia on-line], www.iep.utm.edu/con-meta/ (acessado em 30 de maio de 2013).

KANT, I. (1784/1990) "Resposta à pergunta: Que é Iluminismo?" In: _____. *A paz perpétua e outros opúsculos*. Trad. Artur Mourão. Lisboa: Edições 70.

_____. (1787/2012). *Crítica da razão pura*. Trad. Fernando Costa Mattos. São Paulo: Vozes.

KIM, J. (2006) *The Philosophy of Mind*, Boulder, CO: Westview.

KITCHER, P. (1993) *The Advancement of Science*, Nova York: Oxford University Press.

KLEIN, P. (2010) "Skepticism" in ZALTA, E. (Org.) *Stanford Encyclopedia of Philosophy* [enciclopédia on-line], http://plato.stanford.edu/entries/skepticism/ (acessado em 23 de maio de 2013).

LACKEY, J. (2011) "Testimonial Knowledge", capítulo 29 de BERNECKER, S.; PRITCHARD, D. H. (Orgs.) *The Routledge Companion to Epistemology*, Londres: Routledge.

LADYMAN, J. (2002) *Understanding Philosophy of Science*, New York: Routledge.

LAFOLLETTE, H. (Org.) (2013) *International Encyclopedia of Ethics*, Chichester: Wiley-Blackwell, http://on-linelibrary.wiley.com/

book/10.1002/9781444367072 (acessado em 23 de maio de 2013).

Lewis, David (1976) "The Paradoxes of Time Travel", *American Philosophical Quarterly* 13: 145-152.

Lipton, P. (2004) *Inference to the Best Explanation*, 2. ed., Londres: Routledge.

Luper, S. (2010) "Cartesian Skepticism" in Bernecker, S.; Pritchard, D. H. (Orgs.) *The Routledge Companion to Epistemology*, Londres: Routledge.

Mackie, J. L. (1977) *Ethics: Inventing Right and Wrong*, Londres: Penguin.

Miller, A. (2013) *An Introduction to Contemporary Metaethics*, Cambridge: Polity.

Miller, K. (2006) "Travelling in Time: How to Wholly Exist in Two Places at the Same Time", *Canadian Journal of Philosophy* 36: 309-334.

Monton, B. (Org.) (2007) *Images of Empiricism*, Nova York: Oxford University Press.

Monton, B.; Mohler, C. (2012) "Constructive Empiricism" in Zalta, E. (Org.) *Stanford Encyclopedia of Philosophy* [enciclopédia on-line], http://plato.stanford.edu/entries/constructive-empiricism/ (acessado em 10 de maio de 2013).

Morgan, M.; Morrison, M. (1999) *Models as Mediators*, Cambridge: Cambridge University Press.

Morris, W. E. (2009) "Hume" in Zalta, E. (Org.) *Stanford Encyclopedia of Philosophy* [enciclopédia on-line], http://plato.stanford.edu/entries/hume/ (acessado em 29 de maio de 2013).

Murdoch, I. (1970/2013) *A soberania do bem*. Trad. Julián Fuks. São Paulo: Unesp.

Nagel, T. (1974) "What Is It Like to Be a Bat", *Philosophical Review* 83, n. 4: 435-450.

_____. (1989/1995) *Que quer dizer tudo isto?* Trad. Teresa Marques. Lisboa: Gradiva.

Nahin, P. (1999) *Time Machines: Time Travel in Physics, Metaphysics and Science Fiction*, 2. ed., Nova York: American Institute of Physics.

Prinz, J. J. (2007) *The Emotional Construction of Morals*, Nova York: Oxford University Press.

Pritchard, D. (2009) *Knowledge*, Basingstoke: Palgrave Macmillan.

_____. (2013) *What Is This Thing Called Knowledge?*, 3. ed., Londres: Routledge.

Pritchard, D.; Richmond, A. (2012) "Hume on Miracles" in Bailey, A.; O'Brien, D. (Orgs.) *The Continuum Companion to Hume*, Londres: Continuum, p. 227-244.

Psillos, S. (1999) *Scientific Realism: How Science Tracks Truth*, Londres: Routledge.

Putnam, H. (1967) "The Nature of Mental States" in *Mind, Language and Reality: Philosophical Papers*, vol. 2, Cambridge: Cambridge University Press, p. 429-440.

_____. (1978) "What Is Realism?" in *Meaning and the Moral Sciences*, Londres: Routledge.

Reid, T. (1764/2013) *Investigação sobre a mente humana segundo os princípios do senso comum*. São Paulo: Vida Nova. (O capítulo 6, seção 24, contém o argumento original de Reid a favor de confiar em testemunhos.)

Richmond, A. (2001) "Time-Travel Fictions and Philosophy", *American Philosophical Quarterly* 38: 305-318.

_____. (2003) "Recent Work: Time Travel", *Philosophical Books* 44: 297-309.

Rosenberg, J. (1996) *The Practice of Philosophy: A Handbook for Beginners*, Upper Saddle River, NJ: Prentice Hall.

Russell, B. (1998/2008). *Os problemas da filosofia*. Trad. Desidério Murcho. Lisboa: Edições 70.

Sayre-McCord, G. (2012) "Metaethics" in Zalta, E. (Org.) *Stanford Encyclopedia of Philosophy* [enciclopédia on-line], http://plato.stanford.edu/entries/metaethics/ (acessado em 23 de maio de 2013).

SCHROEDER, M. (2010) *Noncognitivism in Ethics*, Nova York: Routledge.
SCHWARZ, P. (s.d.) *Time Travel in Flatland: An Animated Tutorial in Physics, Light Cones and Causality*, California Institute of Technology [website], www.theory.caltech.edu/people/patricia/lctoc.html (acessado em 23 de maio de 2013).
SEARLE, J. (1980) "Minds, Brains and Programs", *Behavioral and Brain Sciences* 3: 417-424.
_____. (1998) *O mistério da consciência*. Trad. André Yuji Pinheiro Uema. São Paulo: Paz e Terra.
SELLARS, W. (1962) "Philosophy and the Scientific Image of Man" in COLODNY, R. (Org.) *Frontiers of Science and Philosophy*, Pittsburgh, PA: University of Pittsburgh Press.
SHAFER-LANDAU, R. (2004) *Whatever Happened to Good and Evil?*, Nova York: Oxford University Press.
SHOPE, R. (2002) "Conditions and Analyses of Knowing" in MOSER, P. K. (Org.) *The Oxford Handbook of Epistemology*, Oxford: Oxford University Press, p. 25-70.
SMITH, M. (1994) *The Moral Problem*, Oxford: Blackwell.
SMITH, N. J. J. (1997) "Bananas Enough for Time Travel?", *British Journal for the Philosophy of Science* 48: 363-389.
SMITH, P.; JONES, O. R. (1986) *The Philosophy of Mind*, Cambridge: Cambridge University Press.
SORENSEN, R. (1987) "Time Travel, Parahistory and Hume", *Philosophy* 62: 227-236.
STEUP, M.; TURRI, J.; SOSA, E. (Orgs.) (2013) *Contemporary Debates in Epistemology*, 2. ed., Oxford: Blackwell.
STRAWSON, P. F. (1962/2015). "Liberdade e ressentimento". Trad. Jaimir Conte. In: CONTE, J.; GELAIN, I. L. (Orgs.) *Ensaios sobre a filosofia de Strawson*. Florianópolis: UFSC.
TURING, A. (1950) "Computing Machinery and Intelligence", *Mind* 59: 433-460.
VAN FRAASSEN, B. (1980) *The Scientific Image*, Oxford: Clarendon.
VIHVELIN, K. (1996) "What Time Travelers Cannot Do", *Philosophical Studies* 81: 315-330.

WILLIAMS, B. A. O. (1985) *Ethics and the Limits of Philosophy*, Cambridge, MA: Harvard University Press.
YAFFE, G.; NICHOLS, R. (2009), "Reid" in ZALTA, E. (Org.) *Stanford Encyclopedia of Philosophy* [enciclopédia on-line], http://plato.stanford.edu/entries/reid/ (acessado em 29 de maio de 2013).
YOURGRAU, P. (1999) *Gödel Meets Einstein*, Chicago: Open Court.
ZAGZEBSKI, L. (1999) "What Is Knowledge?" in GRECO, J.; SOSA, E. (Orgs.) *The Blackwell Companion to Epistemology*, Oxford: Blackwell, p. 92-116.

Índice remissivo

adequação empírica 153-157, 161-162
Almagesto 144
A mente estendida (Clark e Chalmers) 85, 89
antirrealismo científico 141, 144, 151, 161
antirreducionismo 132
argumento da causalidade 71
argumento da dúvida 68, 70, 71, 89
argumento do milagre 141, 147, 150, 154, 156, 157-158, 161-163
argumentos:
 definição 23-25
 e respostas 25-28
 céticos 52-56, 58
 validade e solidez 25, 35, 171
 ver também paradoxo do avô; argumento do milagre
As revoluções das esferas celestiais (Copérnico) 145
astronomia 141, 142, 144-147, 149-150
autonomia 120, 131-132, 134, 136

Berlin, Isaiah 33

cadeias causais 183-184
casos Gettier 47-52, 57, 59,-61
causalidade 16-17, 30-31, 65, 71-72, 84, 89

ceticismo 55, 59, 131, 133 *ver também* ceticismo radical
ceticismo radical 39, 52-53, 56, 58-60
Chalmers, David 85-87, 91, 93
ciclos causais 180
ciência *ver* filosofia da ciência
Clark, Andy 85-87, 91, 93
cognição corporificada 87
compossibilidade 172
conhecimento *ver* conhecimento processual; epistemologia; conhecimento proposicional
conhecimento processual 39-41, 57-58
conhecimento proposicional 39-41, 56, 58
consciência 53
construtivismo 151
Copérnico, Nicolau 96, 100, 141, 144-46, 148, 150
credulismo 132, 135
crença
 e autonomia 132
 e conhecimento proposicional 40-41, 56
 e evidência 121-122
 justificativa 45-46
 ocorrente e não ocorrente 86-87
 e testemunho 117, 122-123
crença e conhecimento 41, 42

217

Crítica da razão pura (Kant) 31, 37
curvas temporais fechadas (CTFs) 187-188
definição clássica de conhecimento 45-47, 49, 51, 57-58
Descartes, René 63-64, 68-71, 89
Deutsch, David 185-186
Discurso de Gettysburg 178-179
dualismo 63-64, 71-72, 76, 84-85, 89
dualismo cartesiano 63-64, 67, 71-72, 84-85, 89, 90, 92
Duhem, Pierre 145-146, 153-154, 163
dúvida 70-71

emotivismo 96, 99, 105-106, 108, 110-113
empirismo construtivo 141-143, 151-154, 157, 161-164
empirismo lógico 152
epistemologia
   casos Gettier 46- 52, 56-57, 59-61
   ceticismo radical 39, 52-53, 56, 58-60
   crença e conhecimento 39-45
   descrição 39, 56
   estados mentais 66, 72-78, 83, 85-91
ética *ver* moralidade
evidências 22, 122-123, 126-127, 132-133
experimentos mentais
   assassinato de Hitler 172-173, 178
   mente estendida 85-88
   quarto chinês 81-82, 84, 90
expressivismo 110

filosofia
   como uma atividade 11-12, 21-22, 34
   fronteiras com outras disciplinas 12-17, 34
   dificuldade 17-20, 34
   importância 19-21, 33-34
   processo de raciocínio 22-28
   escopo 31-32
filosofia da ciência
   antirrealismo científico 141, 144, 151, 161
   descrição 13, 139-140, 160
   história e filosofia da ciência 141
   realismo científico 141, 144, 147-152, 157-158
filosofia da medicina 12-17
filosofia da mente 8, 75, 88-89, 92-93, 120
física e filosofia 12-13, 16-17
fisicalismo 72, 89
Fraassen, Bas van 143, 151, 153-160, 163, 164
fumar 174
funcionalismo 73, 75, 77-78

gaélico 173-174
Galileu (Galileu Galilei) 96, 100, 141, 144-147, 151, 155
Gettier, Edmund 46
Gödel, Kurt 169, 187, 188

Hawking, Stephen 35, 183, 186, 188
hipótese da mente estendida 85, 87-88, 90-92
hipótese do "cérebro numa cuba" 53-56
hipótese dos muitos mundos 186
hipóteses céticas 53-56, 58
história da filosofia
   Hume 29-32, 35-36, 118-136
   Iluminismo 118
   Kant 30-32, 35-36, 120, 130-131, 134, 136
   Reid 119-120, 128-131, 133-134, 136
história e filosofia da ciência (HFC) 140
Hitler, Adolf 172-173, 178, 185, 186

Hume, David 29-32, 35-36, 118-136
identidade e viagem no tempo 185
Iluminismo 120, 130, 131, 134
Iluminismo (era do) 118
imagem científica, A (van Fraassen) 156
indução 121
inferência para a melhor explicação (IME) 159
instrumentalismo 152
intencionalidade 66, 83-84, 88
Investigação sobre a mente humana segundo os princípios do senso comum (Reid) 119
Investigação sobre o entendimento humano (Hume) 36, 119, 122, 137
Isabel, princesa da Boêmia 71

jogo da imitação 79, 80, 90, 91
juízo moral e juízo empírico 95-112
 ver também moralidade
juízos empíricos 96, 98-99, 101, 107-108
justificativa 45-48, 52, 57, 121

Kant, Immanuel 30-32, 35-36, 120, 130-131, 134, 136

Leibniz, Gottfried 69-70, 172
lei de Leibniz 69-70
leis da natureza 123-125, 134, 188
Lewis, David 165-168, 170-173, 175-177, 179, 181-185, 189-190
livre-arbítrio 24, 28-29, 188
Louis C. K. 18-19

maneira correta de pensar 11-12, 15, 23, 27, 29, 31-32, 34, 35
"Máquina computacional e inteligência" (Turing) 79
Matrix 53
mecânica quântica 16, 25-26, 140, 170, 188

medicina e filosofia 12-16
Meditações sobre filosofia primeira (Descartes) 68, 69
mensageiro das estrelas, O (Galileu) 146
mente
 intencionalidade 66, 83-84, 88
 causalidade 65
 teoria computacional da mente 78-85, 88-89, 90
 consciência 66-67
 dualismo 63-64, 67-72, 89
 hipótese da mente estendida 85-88, 88-89, 90
 funcionalismo 73-76, 77-78, 85, 88, 90
 teoria da identidade 72-73, 76-77, 89
metaética 107, 111, 112
metafísica 140, 148-149, 165
milagres 119, 120, 122, 124-127, 134, 135, 137
Milne, A. A. 65
mistério da consciência, O (Searle) 83
modelos 155
moralidade
 emotivismo 105-106, 108, 110-111
 juízos morais e juízos empíricos 95-99
 objetivismo 99-103, 106-109, 111
 relativismo 103-105, 106, 108, 110, 111
mudança contrafactual 176-177
mudança de substituição 176-181

"natureza dos estados mentais, A" (Putnam) 73

objetivismo 96, 99-103, 106-109, 111, 113-114
observabilidade 155, 158
"Os milagres" (Hume) 122, 125

219

O ursinho Puff (Milne) 65, 67

paradoxo do avô 170-172, 181, 189-190
"paradoxos da viagem no tempo, Os" (Lewis) 166
Platão 24, 45, 145
princípio de credulidade 129
princípio de veracidade 129
Ptolomeu 141, 144-145
Putnam, Hilary 73-75, 87, 150

quarto chinês (experimento mental) 81-82, 84, 90

realismo científico 141, 144, 148-152, 155, 157-158, 161-162 *ver também* empirismo construtivo
realizabilidade múltipla 74
reducionismo 132-133, 135
Reid, Thomas 8, 119-120, 128-131, 133-134, 136
relatividade especial 169
relatividade geral 188
relativismo conceitual 151
relativismo cultural 104
Resposta à pergunta: Que é Iluminismo? (Kant) 120

salvar os fenômenos 142, 144-147, 154, 158
Salvar os fenômenos (Duhem) 145
Searle, John 81-85, 88, 90
Sellars, Wilfrid 7
Shakespeare, William 181
símbolos 81-84
subjetivismo 103

tempo externo 167-170, 187, 189
tempo pessoal 167-170, 172, 187, 189
teoria computacional da mente 82
teoria da identidade 72-77, 89-90
teoria do conhecimento *ver* epistemologia
testemunho
  definição 117
  Hume sobre 118, 119
  Kant sobre 130
  e reducionismo 132
  Reid sobre 128
Tratado da natureza humana (Hume) 118
triângulos euclidianos 174
Turing, Alan 79-80, 90-91

validade 25, 170
verdade
  conceitual e empírica 121
  e empirismo construtivo 151-152
  princípio de credulidade e princípio de veracidade 132
  realismo científico 147
  ver também adequação empírica
viagem no tempo 33, 165-168, 170, 173, 175-178, 180, 184-190
viagem para o futuro 168-169, 189-190
viagem para o passado 168-170, 173, 175, 180, 185, 187, 189-190

Waterloo 177